PEDACITOS DE ALMA

ExLibric

MARÍA LORENZO

PEDACITOS DE ALMA

EXLIBRIC
ANTEQUERA 2025

PEDACITOS DE ALMA
© María Lorenzo
Diseño de portada: Dpto. de Diseño Gráfico Exlibric

Iª edición

© ExLibric, 2025.

Editado por: ExLibric
c/ Cueva de Viera, 2, Local 3
Centro Negocios CADI
29200 Antequera (Málaga)
Teléfono: 952 70 60 04
Fax: 952 84 55 03
Correo electrónico: exlibric@exlibric.com
Internet: www.exlibric.com

ISBN: 979-13-87528-87-4
Depósito Legal: MA 139-2025

Impresión: PODiPrint
Impreso en Andalucía – España

Nota de la editorial: ExLibric pertenece a Innovación y Cualificación S. L.

MARÍA LORENZO

PEDACITOS DE ALMA

Derechos de los niños y niñas

Todos los niños tienen derecho a la vida,
tienen derecho a la salud,
tienen derecho a la protección,
tienen derecho a la educación,
tienen derecho a una identidad,
tienen derecho al juego,
tienen derecho a expresar su opinión y ser escuchados,
tienen derecho a la intimidad y derecho a asociarse.

Me gustaría hacer una llamada de atención sobre el derecho que tienen los niños y encender una luz roja, dirigida a todas las asociaciones y dependencias que defienden los derechos de esos niños que gritan en silencio, a los médicos que los atienden tantas veces en urgencias y en consulta. Esos niños que no hablan pero emiten señales, las cuales deben tener en cuenta. Enciendo una luz roja a todos los familiares, amigos y vecinos que en algún momento pasaron por alto o ignoraron alguna situación que, por muy pequeña que fuera, podría haber salvado una vida.

Porque los culpables de un maltrato o una violación a un niño no solo son los maltratadores o violadores. Esas personas que han visto algo, o desconfían de algo, incluso su madre o padre, o cualquier familiar, amigo o vecino que en algún momento han visto en su hijo algo inapropiado y por vergüenza o simplemente por creer que no era cosa suya, esas personas son culpables. Culpables de omitir, culpables de no haber evitado un crimen.

Esa luz roja la coloco en cada corazón para que nunca un niño se vea privado de sus derechos por falta de consciencia de otros.

El enemigo puede estar a tu lado, incluso durmiendo contigo, pero ni por eso te da el derecho a omitir las alarmas y evitar que ese niño tenga ni un rasguño en su cuerpo ni en su alma.

María ha tenido que soportar maltrato, vejaciones, encierros. La privaron de estudiar sin que el motivo fuera la falta de rendimiento o dinero, la privaron de tener amigos, la obligaron a asumir todas las tareas de casa que a su edad no correspondían, pero lo más horrible es que todo eso fue sabido e ignorado por sus familiares, amigos y vecinos, a estos les enciende esa luz roja y desea que jamás se les apague.

Dicen que los niños todo lo olvidan con facilidad, aunque tienen más posibilidades para adaptarse fácilmente a cualquier situación. Pueden hasta vivir con algo incorrecto y, sin darse cuenta, llevarlo como algo natural, como si de un gusano se tratara que te va comiendo por dentro, dejándote vacío, irremediablemente destruido.

La inocencia de un niño puede ser tan fuerte como frágil, o las dos a la vez. Se pueden romper irremediablemente por dentro y por fuera y seguir sonriendo.

Cuando los cimientos de una casa no son robustos, la edificación nunca será segura. Los niños necesitan del cariño, la presencia y el apoyo de su madre y su padre, y lo digo en mayúsculas, porque ser padre o madre no es parir, no es alimentar. Es proteger, dar valores, apoyar, enseñar y moldear el carácter, y esto no tiene costo monetario alguno.

El hogar de un niño no es una casa lujosa, sino los brazos de sus padres.

El corazón de un niño maltratado nunca se repara, siempre tendrá en su pecho un corazón dañado hasta su último día, así que su vida será un cúmulo de malas decisiones y luchas contra sí mismo, unas ganadas y otras perdidas. Porque nunca sabrá cuál es la acertada o adecuada. No va a existir el profesional que la pueda sanar, simplemente porque, aunque aprenda a vivir con todo ese dolor, nunca sanará.

Gritos en el silencio

Hoy intenté dibujar el mundo
pero solo tenía un color
y era el negro,
y lo hice lo más bonito que pude,
pero lo pinté de negro
porque no tenía otro color.

Esa tarde… ¿Cómo explicarlo con las palabras de un adulto y el corazón de una niña que apenas acababa de cumplir trece años?

¿Cómo explicar que para esa niña, en una tarde de abril de 1982, su mundo se rompería para siempre?

Había aprendido a vivir con temores, ella se sentía diferente, ya que nadie parecía llevar su misma rutina. En su infancia, las cosas no fueron como se supone que deberían. Creció junto al miedo, a la inseguridad y la impotencia. A tan temprana edad aprendió que los palos eran lo natural para corregir e imponerse. Su padre, policía de profesión, instruía a sus hijos con palizas en nombre de la educación.

Veía cómo, al entrar por la puerta y a modo de saludo, se sacaba el cinturón del cual brillaba una gran y brillante hebilla.

Me imagino que cada niño asimila cada cosa a su manera. Sus hermanos se hicieron rebeldes, no los culpo, fue su salida a todo lo que han pasado. Ella acumuló el miedo por ellos; cuando escuchaba la moto aparcar, como mecánicamente y llevada por el pánico, ordenaba su habitación, recogía todo y les hacía los deberes, para así evitar la paliza, aunque igualmente pasaba, si no era por un motivo, era por otro. A ella, el miedo la forzó a empezar a leer y a escribir. Con tres años ya podía escribir, y a los cinco les hacía los deberes a sus hermanos, incluso de matemáticas. La mayoría de los niños, al sentirse amenazados, buscan algo donde refugiarse o simplemente para agradar o sentir una pizca de orgullo en los ojos de sus padres. María, sabiendo que la primera paliza era por los deberes escolares, bien por no estar terminados o simplemente por algún error, entendió, a sus tres años, que intentaba copiar los deberes de sus hermanos, ya que a esa edad no se podría dar cuenta de que ella todavía no tenía esas obligaciones, pero sí se daba cuenta de que era un motivo para desenfundar el cinturón. Así, con el miedo en la piel, aprendió a escribir.

Entró con cinco años en primaria y, para sorpresa de la profesora, ya sabía hasta dividir. Era una niña muy aplicada y callada, solo hablaba para contestar, sus grandes ojos tristes siempre mirando al suelo. Cuando, por algún motivo, tenía que levantar la mirada, su cara se teñía de rojo intenso sin que pudiera evitarlo. Motivo para que sus compañeros soltaran unas risas que la ponían más nerviosa, y muchas veces acababa por llorar. Pero aun así le encantaba ir al colegio, o tal vez librarse del encierro de su casa.

Su comportamiento no pasó desapercibido para la profesora. Le parecía que tenía mucha ventaja con sus compañeros de clase y que estaba perdiendo tiempo, pudiendo avanzar más, así que ese día se dispuso a acompañar a la niña a casa para hablar con sus padres de la posibilidad de pasarla a tercero. De nada sirvió, ya que no lo aceptaron. Así que, en los cuatro años de primaria, era la ayudante de la profesora. Aparte de rara y chapona, ahora era también la protegida de la profesora, así le hacían saber los compañeros con actitud burlona. No era fácil escuchar a diario las burlas y las risas de sus compañeros, pero el colegio era el único sitio donde era feliz, y eso le bastaba. Nunca sacaba menos de diez, que era la nota máxima.

Y en secundaria también era la mejor alumna con las notas más altas, quería ser abogada y profesora de matemáticas.

A pesar de todo, le gustaba soñar, era su pasatiempo preferido e inventaba historias y personajes fabulosos, soñaba con viajar por el mundo, pero todo le fue arrebatado, cada sueño, las posibilidades de estudiar, de tener una carrera, incluso de tener amigos.

Cuando estaba terminando el último año de la secundaria, la tutora le dijo que quería hablar con sus padres, le entregó la nota a su madre. Al día siguiente, su madre fue al colegio y la profesora le explicó que su hija era la mejor estudiante no solo de su clase, sino de todo el colegio con diferencia, tenía todas las materias con notas máximas y que el Estado ofrecía becas a los alumnos con sus características para estudiar en buenos colegios. María estaba muy contenta, ya que así podría seguir estudiando, pero la madre, sin más, le dijo que tenía que hablarlo con su marido.

—Señora, si nos da permiso, le haremos, el director y yo como tutor escolar, una visita en su casa y así hablaremos del proceso —dijo el tutor a su madre.

—No creo que sea necesario —contestó la madre.

—Insisto, señora, me gustaría explicarles a los dos todo muy bien, primero le harán un test de coeficiente a la niña y seguramente será muy favorable, ya que su nivel se aprecia en las clases. Luego la colocaremos donde tiene que estar y, créame, esto hoy en día le pasa a una persona entre cada 10 000 alumnos, así que considero que es muy importante hablarlo bien —insistió el profesor.

—Bueno, pues pasen mañana por la tarde que mi marido estará en casa —cedió por fin.

Cuando llegó a casa, María estaba muy tensa, pero la ilusión de poder estudiar era demasiada y la niña soñaba acostada en su cama esperando el día de mañana.

Cuando el padre llegó a casa, su madre le dijo por encima lo que había pasado y a él no le gustó nada, se sentían los gritos desde su habitación. Y de repente se abrió bruscamente la puerta de su habitación y el padre, furioso, le gritó:

—Todo esto es culpa tuya, así que cuando vengan los profesores les dirás que no quieres seguir estudiando, quieres quedarte en casa a ayudar a tu madre en las tareas, ¿entendido? —le ordenó enfurecido.

En un momento, todos esos sueños ya no representaban nada, solo sueños que ella nunca alcanzaría. Esa esperanza se murió dentro de ella y, desde su pecho, solo podía sentir un inmenso vacío y una tristeza tan grande que la niña no podía sostener sus lágrimas, que solas rodaban por sus mejillas.

—Y no se te ocurra hacer una escena delante de ellos —dijo mientras golpeaba la puerta.

Cuando llegaron los profesores y entraron al salón, entreabrió la puerta de la habitación por si podía escuchar algo, aún tenía una pizca de esperanza de que los profesores lo convencieran. Pero no podía escuchar. En un rato, escuchó que su madre la llamaba y se acercó.

—Dile a tus profesores lo que nos has dicho a nosotros —le ordenó el padre, mirándola fijamente.

María quería hablar, pero las palabras no salían de sus labios, apenas podía respirar y controlar sus sentimientos, ¿qué podría hacer?

Con la mirada fija en el suelo y las lágrimas que no la obedecían, dijo casi sin emitir sonido:

—No quiero estudiar.

—¿Perdón? María, ya habíamos hablado, ¿no? —dijo uno de los profesores, sorprendidos por lo que acababan de escuchar.

Todo su cuerpo temblaba y, sin poder controlarlo, de los nervios se orinó delante de todos. Al darse cuenta, corrió a la habitación.

—¿Por qué no quieres seguir estudiando? Eres la que tiene mejores notas en el colegio. Te gusta estudiar, no lo entiendo —siguió el profesor, pero ya era inútil, María se había ido.

Ese día fue el más triste y difícil de su vida. Había perdido la primera batalla en su vida, o eso sentía en ese momento.

Cuando terminaron las clases, su mundo se reducía a las labores de la casa. Ese mes de junio fue el más triste de su vida. María todavía no sabía lo que estaba por venir, le habían quitado sus sueños, sus probabilidades de ser algo en la vida y le quitarían algo más.

Desde muy temprana edad, se adaptó a las continuas peleas de sus padres, a las palizas que les daba el padre a su madre y a sus hermanos. Al final, se convirtió en la enfermera que curaba sus heridas; con todo el cuidado del mundo, curaba las heridas que les dejaba su padre en la espalda de sus hermanos, que más parecían carreteras de un mapa.

Su madre, con la cara y el cuerpo amoratados e hinchados, pues las palizas eran monumentales, con el cinturón en mano y sin piedad, les limpiaba esas heridas con algodón y agua oxigenada, que se mezclaban con sus propias lágrimas.

A partir de este momento, vamos a referirnos al padre como «ese hombre», ya que él mismo se despojó del nombre de «padre» cuando no lo supo ser.

Era la menor y única niña con cuatro hermanos mayores, debería ser la princesa de la casa, pero no fue así. De pequeña estatura, larga melena trenzada, piel muy blanca que realzaba sus grandes ojos color chocolate y la nariz y la frente llenas de finas pecas. Se notaba la fragilidad en su cuerpo.

Jugaba a ser cocinera, limpiadora y cuidadora a muy temprana edad.

Como decía, los niños se acostumbran a vivir con lo que tienen. En su niñez y adolescencia no tuvo amigas, ya que nunca le fue permitido. Jugaba sola con sus muñecas y, algún día, se escapaba a jugar a las canicas con sus hermanos o a andar en bici, pero la felicidad le duraba poco y siempre terminaba mal. Esos juegos no le eran permitidos, eran para chicos; tenía que limitarse a las tareas de la casa.

Su prima Julia tenía muchos libros y revistas, y como sabía que le gustaba leer, de vez en cuando le dejaba uno. Se solía esconder a ratitos para leer alguna página. Cualquier tema le gustaba, soñaba entre sus hojas. Olvidaba su dolor por momentos y vivió experiencias que en la realidad no podría haber vivido. Por las noches, encendía una vela y leía hasta quedarse dormida.

Despertó con el ruido de golpes y gritos, saltó de la cama y vio que su madre estaba tirada en el suelo, llorando con la ropa rota y sangre en la cara.

—¡Mamá, mamá! —gritó, desesperada. Ese hombre, sin piedad, le daba patadas—. ¡Déjala ya! —le gritaba.

Él se fue hacia la cocina y volvió con un cuchillo en la mano, cogió a la madre por el pelo y le inclinó la cabeza hacia atrás, poniendo el cuchillo en el cuello. María se quedó inmóvil, dejó de respirar, solo sentía el temblor de su cuerpo y el miedo de que lo hiciera. Por un momento, se hizo un silencio. Estaba con los ojos fijos en el cuchillo y sintió que su cuerpo no podía más, así que se orinó.

—Un día te voy a matar —gritó, y luego la soltó, dejando caer su cabeza fuertemente en el suelo, y soltando un montón de improperios, se fue.

La niña agarró la mano de su madre, llorando desconsoladamente.

—Por favor, no te mueras, no te mueras —le decía, acariciando la cara acartonada y ensangrentada.

Se quedaron así un rato, María intentaba desesperadamente despertar a su madre, sin que ella siquiera abriera los ojos. Fue a buscar una manta y la cubrió. Luego, con una toalla, le limpió la cara. Se acostó en el suelo a su lado, mirándola hasta que se quedó dormida. Al despertar, su madre ya no estaba a su lado. Le entró un miedo terrible por si le había pasado algo. Corrió a la habitación y vio que estaba en la cama, durmiendo.

—¿Mamá, necesitas algo? —preguntó.

—Dame una pastilla y déjame dormir —le contestó.

María cogió sus pastillas y un vaso de zumo y se lo llevó.

—¿Quieres algo más?

—Solo dormir.

María sabía lo que pasaba siempre. Su madre estaría por días molida y con dolores. Al ser diabética, siempre tenía jaquecas y se le hinchaba mucho la cara. Así que, mientras su madre dormía, recogió y limpió toda la casa. Se subió al taburete que usaba para llegar a la pila de lavar la loza y se puso a preparar los ingredientes para intentar hacer un cocido.

Ella ya no preguntaba ni decía nada, solo ocupaba el sitio de su madre y lo hacía para que pudiera sentirse mejor y recuperarse. La aterraba pensar que le pudiera pasar algo. Había aprendido las labores de esta manera, y a cocinar, también. Así como aprendió los deberes del colegio para ayudar a sus hermanos, también aprendió las labores de la casa para ayudar a su madre.

Cuando su madre ya se ponía mejor, la curaba, le ponía pomada en los moretones y le hacía masajes en las piernas, le hacía de todo para que se pusiera bien. Hasta la próxima, y volvía a empezar.

La veían como una niña «diferente», porque nunca jugaba en la calle y, cuando salía, era siempre con la cabeza gacha y el tiempo limitado.

Ese día de junio le echaron una condena de por vida para sumarla a su desafortunada vida, que acababa de empezar.

Esa tarde fue muy calurosa y todos estaban descansando. «Ese hombre» le dijo, con vagas palabras, que fuera con él.

La verdad es que se alegró, ya que nunca salía. Montó en su moto sin rechistar, ya que nadie le podía contestar a ese hombre, a menos que se lo dijera. Ella disfrutaba del aire en su cara. En plena primavera, el campo parecía una alfombra florida, y el olor del campo era un intenso perfume floral. Se sentía muy contenta porque le daba esa libertad que nunca tenía, aunque fuera por unos minutos.

Ese hombre paró la moto y le dijo que bajara y esperara. Ella obedeció, miró alrededor, no sabía dónde estaba, en medio de un bosque. Solo había árboles altos. Aparcó el vehículo y se dirigió hacia ella. En ese momento, se dio cuenta de que algo no iba bien. Los ojos de ese hombre le daban mucho miedo. Cada vez se acercaba más. La agarró, y su corazón latía tan fuerte que quería salir por su boca, sus piernas temblaban, y de repente todo se paró en un momento. Su alma se rompió en mil pedazos. Y cuando ese hombre la soltó, simplemente se dejó caer. ¿Cuánto tiempo duró?, no sabe si diez minutos o toda una vida, ya que el mundo se paró dentro y fuera de ella.

Solo sentía un zumbido dentro de su cabeza. Dejó de escuchar, dejó de ver, dejó de sentir.

En un momento fue como si todo a su alrededor fuera un espacio vacío y gris; sus ojos dejaron de percibir los colores, como si estuviera dentro de una cápsula.

Todo era un gran vacío gris, los pájaros ya no cantaban y ella dejó de sentir su alma. Solo volvió en sí cuando escuchó de nuevo su voz:

—Nos vamos.

Ese hombre era policía de tráfico y la amenazó enseñándole su arma. Le dijo:

—Si le dices algo a alguien, mato a tu madre.

Esa frase estuvo retumbando en su cabeza durante el camino de retorno a casa, como una pelota de *ping-pong*. Su cabeza estaba totalmente vacía; no había pensamientos, ni sentimientos, ni recuerdos. Por un tiempo estuvo totalmente aturdida y en choque.

Cuando llegó a casa, todo le parecía diferente, como si no supiera dónde estaba ni qué hacía. Vio a su madre y se quedó mirándola un largo rato, como si ella fuera a entender su silencio o le pudiera leer en los ojos, pero no fue así.

Los días siguientes pasaron unos detrás de otros sin que se diera cuenta. Seguía con la mente en blanco. Casi tres semanas después se levantó de súbito de la cama, asustada por una pesadilla que tenía cada noche, pero aquella vez fue diferente: parecía real. Sentada en la cama, llorando asustada, se acordó de todo. Era horrible, asqueroso, y quería gritar. Una mano por detrás la detuvo tapándole la boca; la obligó a volver a la cama, y otra vez se le paró la vida. Ese hombre... otra vez... Por mucho que quisiera luchar, era inútil. Se quedó inmóvil, su cerebro bloqueado y su vida paralizada.

Cuando pudo, saltó de la cama como un animalito asustado y desorientado buscando una salida para escapar, y allí estaba ese hombre ante la puerta, enseñándole el arma.

A partir de ese día, mientras todas las niñas crecían en un mundo bonito y feliz, ella se odiaba a sí misma sin saber el porqué. Buscaba razones inútilmente sin darse cuenta de que no existían razones, solo personas maléficas y sin escrúpulos. Pero en su inocencia no podía asimilar todo lo que había pasado. No podría describir esa sensación desgarradora en su cuerpo y su mente que no la abandonaba ni en sueños. Ese miedo a la oscuridad, a cerrar los ojos. Todas las noches se dormía cuando le vencía el cansancio y despertaba por esa pesadilla que la atormentaba cada noche, desesperada, abriendo puertas que la rodeaban y ninguna se abría. Intentando escapar sin resultado alguno.

Y ahí estaba, sola, llorando agarrada a su perra Lazy. Sentía que el animal lloraba con ella; la miraba con esos ojos tristes, gimiendo, con la cabeza en su pecho. Lazy era la mejor mascota del mundo. La tenían desde que María era pequeña, así que se acordaba del animal como de ella misma. Cuando iba a primaria, todos los niños iban acompañados de sus padres, que los dejaban en la puerta y los recogían de igual manera. A María la llevaba su perra Lazy, que se sentaba en la acera hasta que ella entraba y dejaba de verla. Luego volvía a casa, y a la hora de salida allí estaba. Siempre se preguntaba cómo sabía la hora, pero Lazy lo sabía, y cuando tocaba el timbre ya estaba fuera ladrando para que la viera. María le guardaba parte del bocadillo, y cuando se acercaba se lo tiraba como premio, y Lazy lo cogía en el aire.

El dolor se apoderó de todo su ser; se encontraba en un callejón sin salida, oscuro y sin vida.

Se dio cuenta de que siempre había estado sola y era invisible para los demás. Quería contárselo a alguien, pero ¿a quién? Si nunca había sentido hasta el momento relación de confianza con nadie. ¿A quién le podría contar una cosa así y que la creyeran? Y tampoco era algo fácil de decir a cualquiera.

El tiempo fue pasando y su jaula se hacía cada vez más pequeña. Le faltaba el aire; tenía momentos en que no podía respirar. A menudo no podía dormir por las noches y ya le costaba comer. Había veces en que comía algo y lo vomitaba porque los nervios se apoderaban hasta de su estómago.

El miedo la asaltaba a cada momento. Cuando escuchaba el ruido de esa moto, se hundía en una oscuridad inmensa que le impedía respirar. Corría junto a Lazy, la abrazaba y cerraba los ojos. Su cuerpo temblaba y el corazón le salía por la boca. Era un desespero terrible, y se apretaba cada vez más a su perra como si le implorara algo desde el fondo de su ser, hasta que el animal, ya sintiéndose asfixiado, intentaba escapar. Escuchaba esa voz llamándola y sentía cómo su alma se desprendía de su cuerpo para dejarlo caminar así al abismo de nuevo.

Día tras día, el miedo la dejaba rendida. Los días en que ese hombre no llegaba a casa, su mente buscaba salidas por todas partes sin encontrar ninguna. Siempre acababa rendida de cansancio; su pequeña mente acababa rindiéndose al sueño.

Casi un año había pasado. Su autodefensa la hacía buscar salidas para el momento. En alguna ocasión podía escaparse, pero ese día tenía un dolor de muelas horrible. Tomó dos calmantes y se quedó dormida. De repente despertó con una sensación extraña, abrió los ojos y ese hombre estaba allí, de pie, delante de ella como un depredador.

No le quedaban fuerzas. Las lágrimas brotaban solas de sus ojos. Su pequeño y débil cuerpo ya no podía seguir, y cerró los ojos. De nuevo su alma abandonó su cuerpo, pero esa vez para no volver. El miedo, la debilidad de su cuerpo, la falta de alimento y la impotencia le cerraron las puertas al alma para que no volviera, y se quedó inmóvil.

Mientras el alma miraba el cuerpo paralizado allí abajo, este se mantenía en blanco para que el alma no pudiera volver, y su única lucha era la que existía entre ambos.

Hasta que una luz inmensa se acercaba cada vez más, al punto de no dejarla ver. Sentía que no podía moverse y tampoco quería hacerlo. Cerró los ojos y se dejó estar. Había un silencio, una paz tan grande que su cuerpo se sentía balancear como mecido.

No sé cuánto tiempo permaneció así. Intentaba controlar el cuerpo a cualquier movimiento; sentía que flotaba.

Comenzó a escuchar voces cuchicheando a su alrededor. No podía entender nada, como si hablaran en secreto. Algo sacudió su cuerpo. Se movió de un golpe seco en la cama. Como por inercia, abrió los ojos y rápido los volvió a cerrar. Volvió a abrirlos y, como en un ataque de pánico, empezó a gritar:

—¿Dónde estoy?

Alguien a su lado la tranquilizó. La agarraba del brazo:

—Tranquilízate, no grites. Ahora viene el doctor.

—¿Qué doctor? ¿Dónde estoy? ¿Quién eres?

Su cabeza daba vueltas y no paraba de hacer preguntas. Cuando llegó el doctor, ordenó que todos se fueran de la habitación. Se sentó en la cama e intentó, con pocas palabras, explicarle lo que pasaba.

—Has tenido un accidente y llevas cinco días inconsciente. Ahora van a hacerte una prueba, y después pueden entrar tus padres.

La niña seguía sin entender. No podía. Su cabeza estaba como un globo lleno de aire, pero vacía.

No podía acordarse de nada.

—¿Qué accidente? ¿Qué padres?

No entendía nada; no se acordaba de nada. Solo le dolía la cabeza.

El médico miró a la enfermera y se dio cuenta de que algo no estaba bien.

—Tranquila, todo va a ir bien —le dijo.

Cerró los ojos.

—Vale, doctor.

Cuando terminaron de hacer las pruebas, la regresaron a la habitación. La enfermera abrió la puerta y llamó a alguien:

—Pueden entrar.

Esas personas entraron en la habitación mirándola un poco raro. La niña los observaba sin entender nada y, sin decir palabra, se sentaron en el sillón.

Pasados unos minutos, vino de nuevo otro doctor. Habló con ellos y, girándose hacia la niña, le cogió de la mano y dijo:

—Todo está bien, no hay ninguna lesión.

De un tirón retiró la mano y gritó:

—¡No me toque! ¿Quiénes son esas personas?

—Son tus padres.

Ella los miraba sin poder encontrarlos en su memoria. Eran dos extraños. ¿Cómo podían ser sus padres? ¿Y por qué no se acordaba de ellos?

—Doctor, no son mis padres. No los conozco.

—Bueno, creo que tienes una pérdida de memoria por el accidente. A veces pasa, pero no hay lesiones, así que, poco a poco, irás recuperándote. Tienes que intentar estar tranquila. Ya verás que volverás a ser la de antes y podrás irte a casa.

Su cabeza no podía asimilar tanta información. Miraba a su alrededor y no podía sentir nada.

—Le vamos a poner un medicamento y va a descansar. Mañana volveremos a hablar.

Asintió con la cabeza, cerró los ojos y se propuso dormir.

Durante tres meses no había podido recordar nada y seguía ingresada. Miraba a las dos personas que decían ser sus padres y seguía sin recordar. Por más extraño que pareciera, tampoco tenía sentimientos hacia ellos.

Le habían dejado fotos para ver si recordaba. Durante las largas noches en el hospital, las revisaba una y otra vez, rindiéndose al sueño sin conseguir resultados.

Ese día el médico decidió enviarle una psiquiatra. La verdad es que con ella se sentía a gusto, pero no sabía qué decirle.

Empezaron con frases cortas:

—Buenos días —le dijo.

—Buenos días, doctora.

—¿Cómo te sientes?

Se encogió de hombros.

—La verdad, no lo sé, pero no me duele nada.

—¿Has recordado algo?

—No, no sé qué decirle. No me acuerdo de cómo me llamo. ¿Estoy loca, verdad?

—No, no estás loca —le contestó, dibujando una sonrisa y guiñándole un ojo—. ¿Te acuerdas del accidente? ¿Sabes lo que pasó?

—No me acuerdo de nada.

—Te voy a hacer una pregunta, y tú me contestas si quieres. Si quieres, me puedes decir lo que sientes.

—Vale.

—Debo decirte que los médicos creen que no fue un accidente, ya que no tenías heridas, ni rozaduras, ni moretones. Cuando llegaste al hospital, estabas inconsciente, pero tus constantes eran normales. Para que me entiendas, como si durmieras y tu cuerpo estuviera en reposo. ¿Quieres contarme algo?

—¡No sé a qué se refiere! ¿Qué debería decir?

—Dime lo que se te pase por la cabeza.

—No me va a creer.

—Inténtalo.

—Tenía una sensación rara. —Respiró hondo y siguió—: Yo me sentía flotar, y cuando abrí los ojos, me veía allí abajo, acostada con los ojos cerrados. Pero yo estaba arriba. Mi cuerpo permanecía acostado, sin vida, y yo era solo alma. Me miraba. Tenía tanta paz que no quería volver.

—Entonces, ¿tu alma no quería regresar a tu cuerpo?

—No, era mi cuerpo el que luchaba para que mi alma no regresara.

—Vale, ¿y por qué no dejaste que tu alma volviera?

—Porque el cuerpo sin alma no puede volver a la vida.

Frunció el ceño y la miró unos minutos en silencio, quizás queriendo leer sus ojos tan tristes. Intentó encontrar un significado a sus palabras.

—Dime, ¿por qué crees que tu cuerpo no quería vivir?

—No lo sé.

—¿Tienes catorce años?

—Sí, doctora.

—¿Y tú no quieres vivir?

Sus ojos se movían de un lado a otro, como buscando la respuesta. O tal vez el motivo.

—Me imagino que para vivir necesitas un motivo o algo —le contestó la niña—. Yo no tengo ninguno. ¿Debería vivir?

—Vamos a hacer una cosa, vas a pensar en tu respuesta y mañana vuelvo para saber cuál es.

—Vale.

Le entregó un folio con la pregunta escrita en mayúsculas: «¿DEBERÍA VIVIR?», y la niña se quedó mirándola.

Esa pregunta le retumbaba en la cabeza una y otra vez. Se preguntaba a sí misma si tenía el derecho de decidir y, si lo tenía, qué debería hacer. Se quedó dormida buscando en su cabeza algo que le hiciera recordar.

Fue una noche larga de pesadillas y constantes sobresaltos. Despertaba gritando, sudando y atemorizada. Volvió a dormir rendida por el cansancio, y así toda la noche, hasta que entraron los primeros rayos de sol por la pequeña ventana de la habitación.

Al abrir los ojos, en su cabeza empezaron a entrar imágenes y sonidos como un río desbocado. La cabeza le iba a estallar; no podía asimilar todo lo que estaba pasando.

En ese momento entró la enfermera:

—Buenos días, el desayuno.

Se quedó con la mirada perdida en el aire, dio un salto y salió de la cama. Corrió al baño y se metió debajo de la ducha como si toda la suciedad del mundo se hubiera acumulado en su cuerpo. Se quedó inmóvil bajo el chorro de agua hasta que escuchó una voz:

—¿Niña, te encuentras bien? Venga ya, sal de la ducha, vete a desayunar, que viene la psiquiatra en un rato.

Salió de la ducha. El cuerpo le temblaba y las lágrimas le brotaban de los ojos a borbotones.

Ya en la habitación, se sentó en la cama con la mente perdida. Entró la psiquiatra y no se dio ni cuenta.

—Buenos días. Hola, buenos días. ¿Qué te pasa? ¿Te sientes mal?

—No lo sé.

—¿Prefieres que venga más tarde?

—Sí.

—Vale, vengo después de las visitas. Hoy te dan el alta.

Asintió con la cabeza. No podía hablar. Tenía la sensación de que al abrir la boca vomitaría todo lo que tenía en la cabeza.

«¿Qué hago? ¿Le contaré todo y le pediré ayuda? No, seguro que no me quiere ayudar. ¿Qué podría hacer?»

No podía ordenar su cabeza para pensar.

«No quiero volver ahí. ¿Y si no se lo cuento? A lo mejor no me dan de alta y sigo sin acordarme. No, mejor se lo cuento a mi madre, quizás me ayude sin contarle nada a él».

Decidió contarle a la madre y pedirle ayuda. Estaba supernerviosa, el corazón le salía por la boca. No podía controlar el miedo que tenía por si él se enteraba. No podía seguir, ni la muerte le hizo caso. Se sentía abandonada hasta por la propia muerte. Tenía que ser fuerte y pedir ayuda.

Cuando la madre entró en la habitación, corrió hacia ella como si se fuera a ahogar, y allí estaba la única persona que la podría salvar.

—Mamá, tengo que contarte algo —dijo.

—¿Has recordado ya?

—Sí, espera, siéntate que voy a cerrar la puerta. —Mamá, no he tenido un accidente.

La madre se la quedó mirando como si estuviera todavía enferma.

—¿Qué te dijo el médico?

—No, es que me acordé de todo lo que pasó.

—¿Y qué pasó?

—Mi padre, mi padre... —Las lágrimas y los sollozos se apoderaron de ella. Quería hablar, pero no podía. Se le hacía un nudo en la garganta; se esforzaba por controlarse para hablar, pero le faltaba el aire.

—Cuidado con lo que vas a decir —le dijo levantando el dedo—. Nadie te va a creer, y conmigo no cuentes.

De repente, un cubo de agua fría le cayó encima. Se quedó helada. «¡Lo sabe!»

Se irguió. Se quedó de pie con los ojos abiertos y la mente vacía. Miraba a su madre sin poder expresar palabra.

En ese momento entró la psiquiatra.

—Buenos días, soy la psiquiatra —dijo mirando a su madre—. ¿Nos puede dejar solas, por favor? Cierre la puerta.

—Entonces, María, ¿has pensado en lo que hablamos?

—Sí, doctora, pero creo que fue un sueño. —Bajó la mirada, para que no viera el desespero en sus ojos.

—María, tienes que contestar.

—¿Qué importa, doctora? —le contestó—. Si al final no me he muerto, aquí estoy, no sé por qué, pero sigo aquí.

La doctora la miró, luego miró a los papeles que traía y escribió algo.

—Les voy a dar indicaciones a tus padres para que vayan a mi consulta. Necesito que hablemos de este tema, ¿vale? —La miró por un momento y salió.

¿Qué más podría decirle? Ella era la adulta, era la médica. María era solo una niña que buscaba en la vida y hasta en la muerte salidas para escapar de esa tortura.

No tenía a nadie que pudiera ayudarla, no podía seguir así. Se sentía perdida, sola, abandonada por la vida e incluso por la muerte.

Ese día abandonó el hospital. Era como el juguete que va con una cuerda tirando. Se dejaba llevar ya que no podía y no quería ni andar. Cuando entró en la casa, fue como si todas las luces se apagaran. Todavía no asimilaba lo que había pasado, pero tampoco quería saber más, como si sospechara que era mejor no preguntar.

Esa noche él estaba de servicio y en tres días no volvería a casa.

El terror que vivía en ese momento le hacía buscar formas de escapar. Pero ¿para dónde iría? ¿Cómo podría?

Una idea le rondaba la mente y le gritó:

—¡Oh, Dios, ayúdame! —Algo en ella empezó a coger sentido.

—Mamá, ¿puedo ir a la misa mañana?

—Vale, que tu padre no se entere. Cuando termine, te vienes directamente a casa.

Esa noche no podía dormir pensando que el único que la podría ayudar era Dios. No le quedaba nadie más, no había otra opción. «¿Cómo no se me había ocurrido antes?», pensó.

Se levantó temprano, se duchó, se puso su mejor vestido, se hizo una trenza con su larguísima melena y se fue a la iglesia con la convicción de que Dios sí la iba a ayudar.

Era la primera vez que entraba así en la iglesia, había ido a bodas, pero no era lo mismo. Hoy se disponía a hablar directamente con Dios. El pecho lo tenía hinchado de valor y coraje, era un día decisivo, todo iba a cambiar.

Asistió a la misa muy atentamente para enterarse de qué iba todo eso y, al terminar, se sentó esperando que todos se fueran. Lo que tenía que decirle a Dios tenía que ser a solas con Él.

Cuando se aseguró de que ya estaba sola, se levantó, se dirigió directamente al altar y, bajo la enorme cruz, empezó a contarle entre lágrimas lo que le pasaba. De vez en cuando hacía pausas por si obtenía alguna respuesta y seguía.

Ya no le quedaba más que decir. Lo miró, se sentó en el suelo y, con la cabeza gacha y las manos puestas en rezo, cerró los ojos con fuerza, apretándolos para poder concentrarse en la respuesta que esperaba. De vez en cuando abría un ojo, como diciendo «sigo aquí esperando». Pero nada. Cansada de esperar y esperar, se dio por vencida y, en su desespero, gritó:

—¿Tú tampoco me puedes ayudar?

Y fue atacada por un llanto profundo, ya de desesperación, ya no le quedaba nada. Ni Dios le quería ayudar. Su llanto le hizo olvidar dónde estaba y todo lo que la rodeaba, estaba exhausta, sin fuerzas y sin alternativas, se había acabado todo, no podía hacer nada más.

Se dio cuenta de que alguien le tocaba la espalda y, de un salto, se puso de pie.

—¿Quién eres?

—Tranquila, soy el cura. —Estiró la mano y dijo—: Mucho gusto, soy el padre Agustín.

—Adiós, ya me voy —dijo, y se apuró en salir de allí.

—Espera, niña, ¿no me vas a decir cómo te llamas?

—María.

—Vale, María, ¿quieres hablar conmigo? Para eso estoy.

—No.

—Vale, quizás pueda ayudarte en tu problema.

Ya iba llegando a la puerta de salida y se estancó. Se quedó parada, intentando rebobinar por si había entendido mal.

La palabra «ayudar» se le quedó, como si fuera lo único que escuchara.

Se dio la vuelta, se acercó un poco, lo miró a los ojos. Ese hombre parecía decir la verdad. Algo en él le caía bien y le inspiraba confianza, pero no estaba segura al cien por cien. «Es muy joven para ser cura», pensó. Se los había imaginado mayores y ese no tenía más de veinticinco años.

—¿Por qué tendría que contarte mi problema?

—No hace falta, mientras hablabas con Dios, yo te he escuchado.

—Entonces, ¿los curas se dedican a escuchar mientras la gente habla con Dios?

Se le escapó una sonrisa, la inocencia de esa niña era algo que no estaba acostumbrado a ver en una niña de esa edad y más con todo lo que llevaba encima.

—No es eso, lo escuché de manera involuntaria, seguramente porque Dios así lo quiso. Puedes confiar en mí, y yo te prometo que te voy a ayudar, ¿te parece?

«¿Cómo puedo confiar? Eso es muy difícil», pensó.

—¿Y cómo me ayudarías?

—Te voy a dar la dirección de unas personas que te pueden ayudar. Si quieres, les puedes escribir y me traes la carta. Yo te la envío, luego que me contesten a mí y yo te la entrego. Así ellas te dirán lo que puedes hacer y tus padres no se enterarán. Si quieres, te puedes apuntar para hacer la primera comunión y, después de las clases, hablamos.

Casi todos los domingos él estaba de servicio, así que se podía escapar un par de horas.

—Vale, acepto.

—Apunto tus datos y el próximo domingo empezamos, y de paso me traes la carta. Si te urge, me la puedes dejar en la casa parroquial.

—De acuerdo, me tengo que ir —dijo apresurando al ver el reloj.

—Hasta el domingo, entonces.

Ya no le contestó, solo quería correr para llegar a casa cuanto antes para no tener problemas, ya que cuando él no estaba, la madre le dejaba salir, pero con tiempo marcado, y ya iba tarde, temía que la castigaran.

Así que pudo, ya que el domingo era un día complicado. Aparte de limpiar y fregar la loza, tenía que planchar la ropa para que los hermanos salieran a pasear. Se encerró en la habitación, cogió un folio de una libreta y empezó a escribir. No era fácil repetir cada vez que tenía que hacerlo y recordar todas las imágenes ocultas en su memoria, era muy doloroso y siempre terminaba dominada por los nervios y el temor. Pero no había vuelta atrás, tenía que seguir.

Cuando despertó, estaba sentada en el suelo, a los pies de la cama, con la carta presa en las manos. Buscó un sobre, la metió dentro y esperó a que su madre se fuera a dormir la siesta y sus hermanos salieran. Cogió a Lazy y salió por detrás corriendo para dejar la carta en la casa parroquial. La perra era la disculpa por si la pillaban, siempre podría decir que estaba detrás de la casa jugando con ella, ya que la casa parroquial estaba a 10 minutos.

Esa semana fue muy larga esperando la respuesta, era agarrarse a un clavo ardiendo.

Si salía bien, se podría librar de todo aquello, pero si salía mal, no quería ni pensarlo, tenía que arriesgarse.

Su madre le dio permiso para ir a las clases para la primera comunión. Así que el domingo, después de misa, asistía una hora a las clases y leía las cartas que le enviaban.

En la tercera carta que recibió ya le enviaban la dirección donde podría ir. El plan era coger el autobús hasta esa ciudad y luego allí buscar la dirección. Una vez allí, tenía que estar escondida hasta que tuviera la mayoría de edad o hasta que algo favorable pasara.

La ilusión de poder escapar y alejarse de él la movía, sin pensar si salía bien o no, solamente pensaba en escapar de ese infierno.

El tiempo pasaba y se le hacía muy difícil seguir luchando. Consiguió hacer la comunión y la confirmación, aunque su vida se basó en escapar y esconderse para poder hacerlo. Estaba acostumbrada a ese estilo de vida, su corazón permanecía cada día a cien por hora porque no quería que él se diera cuenta de nada y, cuando estaba en casa, luchaba por sobrevivir. Su vida se hizo un campo de batalla constante, miedos y amargura, llantos y noches de reflexión, intentando buscar fórmulas para seguir luchando. Cada día pensaba en abandonar y cada mañana el desespero le hacía buscar nuevas vías para volver a empezar. Estaba agotada, era como una presa herida intentando escapar, arrastrando su débil cuerpo para poder sobrevivir.

Cumplió quince años el 17 de febrero de 1984. Llovía mucho, le encantaban los días de lluvia. En la ventana de su habitación veía cómo el agua corría desbocada por la calzada de piedras bien colocadas y abriéndose camino por donde fuera.

Le gustaba apreciar la naturaleza, era la única cosa que le causaba placer y la relajaba. Podía permanecer horas viendo llover y apreciar la dirección del agua, el ruido que hacían las gotas golpeando contra el cristal de la ventana. Era como una música al compás de un ritmo desconocido pero embriagante. Cuando la lluvia paraba, eso que la mayoría de las veces solía llover por días y noches seguidos, daba gusto abrir la ventana y sentir ese olor a campo mojado y a verde húmedo.

Escuchar la lluvia de noche la relajaba mucho, se quedaba dormida escuchando esa melodía, como si de una nana se tratara.

Esta niña nunca fue a un concierto, ni al cine, ni al teatro, nunca fue de excursión, ni tuvo fiesta de cumpleaños. A un niño le puedes arrancar el corazón, le puedes cortar sus alas, puedes hasta amputarle sus miembros, pero jamás harás que deje de soñar.

Vivía en el Alentejo, una región del centro-sur de Portugal, que en portugués literalmente significa «allende *(alem)* del Tajo». Es decir, la región conquistada más allá de dicho río; esto es, la situada más al sur.

En verano el calor es abrasante, en primavera todos los campos se pintan de verde intenso y las amapolas asoman sus rojos cuerpos entre todo ese verdor. En invierno puede llover torrencialmente durante días, los ríos crecen e inundan todo a su paso como si quisieran conquistar el mundo invadiéndolo. Y en primavera es un éxtasis de olores, colores y sensaciones. Hasta los caminos se visten de colores, flores de todos los colores cubren todo lo que tiene un poco de tierra, los pájaros cantan alegremente en tonos diferentes representando una orquesta fabulosa y, si cierras los ojos, sentirás cómo los aromas cambian por segundos, como si el aire intentara mezclar el aroma de todas las flores para elaborar una hermosa fragancia.

Ella tenía el escenario perfecto, la pantalla más grande del mundo, las historias más bellas del mundo de la fantasía y los cuadros mejor pintados de la historia, y se deleitaba con todo ello. Ese día, junto con Lazy, salió a pasear tras la casa. Desde allí se extendía una pradera de trigo sembrado, ya había nacido y se podía ver saliendo de la tierra empapada por las tormentas de esos días. Lazy corría como si no hubiera un mañana. A ella también le gustaba el campo; cuando cruzaba el portal se volvía loca, saltaba dando vueltas, corría como un galgo y hacía agujeros en la tierra como buscando un tesoro.

La niña se sentó en una piedra, cerró los ojos, inspiró profundamente llenando su pecho. Ese olor a tierra mojada la transportaba a otras dimensiones donde todo era maravilloso. Inventaba historias donde las personas se quieren y se apoyan, los niños juegan y son felices, sus madres los besan y los abrazan, y todos sonríen. Despertó de ese sueño por los gritos de su madre llamándola.

—María, ven.

—Voy —le contestó.

Llamó a Lazy y volvieron a casa. Su madre estaba ante la puerta.

—Hay que limpiar, que viene tu tío de visita.

Su tío por parte de padre, al que todavía no conocía, vivía en Macao, una colonia portuguesa (hasta el año 1999) en la región autónoma de la costa sur de China continental. Estaba casado con una chica de la colonia, con padre portugués y madre china.

El tío era un señor joven, simpático y hablador; su esposa era una señora con rasgos chinos, muy guapa, por cierto, demasiado formal y hablaba el portugués con dificultad. Les acompañaban dos niños, un niño de cuatro años y una niña de dos años. Él niño rápido se puso a jugar y la niña permaneció en un carrito de bebé intentando soltarse, luchando con las amarras. Su cara era extraña; a primera vista parecía estar enferma, solo lloraba, no quería comer y se tiraba la comida toda por encima.

Todos alrededor de la mesa del comedor comían y hablaban animadamente, mientras esa niña seguía llorando e intentando salvarse de su encierro.

Le dio mucha pena, pero la vergüenza no la dejaba hablar, se dirigió a la niña y, con gestos, la intentaba animar. La niña, al verla, se quedó quieta, dejó de llorar y se fijó en ella, dibujando una sonrisa en su cara.

—Vaya, parece que le has caído bien, no se lleva bien con nadie —dijo el padre.

—Puedes cogerla y jugar en la habitación, si quieres.

Su rostro se puso rojo de la vergüenza, cogió a la niña y la llevó a la habitación. La sentó, pero la niña se caía, no podía sentarse; le colocó unos cojines para sujetarla. La pequeña la miraba sin pestañear. Cogió juguetes y se propuso entretenerla mientras los mayores comían. La niña no hablaba ni cogía los juguetes, pero los miraba con los ojitos abiertos como si no entendiera lo que estaba pasando.

Cuando se iban, al recoger a la niña, su tío le preguntó:

—¿Quieres venir unos días con nosotros?

Agachó la cabeza, le daba mucho apuro hablar con la gente y, como siempre, se puso roja.

Ese hombre le contestó:

—Coge una mochila con ropa y vente para que juegues con la niña.

Sin contestar, se dirigió a la habitación, metió un par de pantalones y jerséis en la mochila, ropa interior, y se fue acompañando a la niña.

Le gustaba la idea de estar fuera de esa casa, pero se sentía desubicada, era muy tímida y estaba acostumbrada a no hablar con nadie. Al llegar a la casa de su tío, le indicaron que debería dormir con la niña. Aquel día y los que siguieron no pudo dormir una noche completa; la niña se despertaba cada hora y lloraba. La madre no se acercaba ni para preguntar, así que había que calmar a la niña, volver una y otra vez a dormirla, darle de comer... En fin, pasó a ser su niñera a tiempo completo. Llevaba ya una semana en su casa y, una mañana, la mujer de su tío le fue a dar instrucciones.

—Vamos a estar dos días fuera. He dejado la lavadora puesta y más ropa para lavar; cuando se termine, la lavas. Y la que está en agua es para lavar a mano. Limpia la casa y, si necesitas algo de comida, vete a la tienda que ya le avisé; cuando vuelva, te pago.

Estaba acostumbrada a las labores, le daba igual, pero dejar a una niña enferma y tan pequeña así no era normal. Sin embargo, ¿qué iba a hacer?

No fue fácil, esa niña lloraba sin parar, no quería comer, no jugaba, no hablaba. Poco a poco la niña se acostumbró; cuando llegaron los padres, ella ya no quería ir con ellos. La madre pasaba los días fuera de casa y, cuando venía, tenía hasta que ponerle la mesa y hacerle la comida. Seguramente estaba acostumbrada a ser una señora con sirvientes, pues la usaba como criada, cocinera y niñera a tiempo completo y sin ningún remordimiento.

Y el tiempo fue pasando durante varios meses. Poco a poco, con mucho esfuerzo y paciencia, la niña empezó a andar, ya no tiraba la comida, decía unas palabras y ya entendía y obedecía órdenes. Nunca llegó a saber qué enfermedad tenía, pero el principal padecimiento que tenía era falta de atención, de cariño y que le dedicaran el tiempo que se merecía. Un año después de su llegada, así como llegaron, se fueron. Sin más palabras ni agradecimientos.

Aunque eso fuera lo de menos. Ver a esa pobre niña irse llorando a gritos le desgarraba el alma; seguramente no la volvería a ver y la pobre volvería a lo de antes. Pobre de cariño y de atención, se volvería a encerrar en sí misma, quién sabe.

María volvió también a su rutina; ahora, de nuevo en su habitación, intentaba recordar dónde lo había dejado. Después de un año, tendría que enfrentarse de nuevo a sus sombras. Esperó al domingo para ir a misa y poder ver al cura, que seguramente la echaría en falta.

Cuando la vio acercarse, dejó lo que estaba haciendo y, con cara de asustado, le preguntó:

—¿Qué pasó? ¿Dónde has estado?

Le explicó todo, no había podido hacerlo antes, pues con la niña en casa y todas las obligaciones, no podía ni respirar.

—Tengo cartas que te enviaron, no te las he podido entregar y ya dejaron de escribirte. Un día estaba tan preocupado que fui a tu casa; me dijo tu madre que tu padre encontró una carta y creo que se dio cuenta. ¿Te ha dicho algo?

—No lo sabía. —Se encogió de hombros—. No me dijeron nada, pero ahora entiendo por qué me enviaron a casa de mi tío, les iba bien a los dos.

—¿Qué vas a hacer ahora?

—Creo que me tengo que ir cuanto antes, él va a estar cabreado, ahora no me dejará ni venir contigo.

—Yo les voy a llamar por teléfono, a ver qué me dicen, y luego ya veré cómo comunicarme contigo.

—Vale, me tengo que ir.

—Espera, el martes por la tarde los chicos me van a hacer una fiesta de cumpleaños, si quieres puedes venir.

—Vale, si puedo voy.

Ese hombre estaba de servicio esa semana, así que le pediría a su madre que la dejara ir. Así podría hablar con el padre Agustín.

Ese día se levantó temprano para hacer todos los quehaceres rápido, para que cuando le dijera a su madre que quería ir al cumpleaños del cura, la dejara. Cuando terminó de lavar la loza de la comida, caminó hacia su madre buscando las palabras.

—Mamá, hoy el padre Agustín está de cumpleaños y van todos los de la confirmación, ¿puedo ir?

—¿Dónde está?

—En el parque, al lado de la casa parroquial.

—Solo una hora y vienes rápido.

—Porfa, empieza a las 17 horas, vengo a las 19 horas, ¿vale? Mi padre no está.

—Vale, ten cuidado.

Se cambió de ropa y miró el reloj, eran las 16:45, justo a tiempo para llegar.

Allí ya estaban todos los del grupo de la parroquia, incluso su hermano Alberto, que había hecho la comunión con ella. Empezaron a colocar todo y se sentaron formando un círculo alrededor del cura, que ya estaba sentado con su guitarra. Lo estaban pasando muy bien, cantando canciones de la iglesia y, a veces, el padre Agustín les contaba historias religiosas.

María miró el reloj, ya eran las 18:30, en un rato tenía que irse. Al levantar la cabeza, vio a ese hombre caminar hacia ella con la cara enfurecida, no sabía qué hacer ni dónde ir. Se levantó presa del miedo y, en ese momento, él le agarró la trenza, le dio un tirón y María se cayó al suelo. Así mismo, empezó a arrastrarla, agarrada de la trenza, todo el recorrido del parque hasta su casa, arrastrándola como un animal por la carretera.

Cuando llegaron a casa, la tiró en el suelo de la cocina, cogió el hierro de mover las brasas de la chimenea y le pegó hasta que se cansó. María apenas podía moverse, con las ropas rotas y las piernas ensangrentadas por el roce con el suelo; los golpes ni los había sentido. Se levantó del suelo y lo miró de frente.

—¿Has terminado? —le preguntó.

Él se volvió a enfurecer y le dio un golpe en la cabeza que la hizo caerse al suelo. Nuevamente, se levantó y lo encaró.

—¿Has terminado? —volvió a preguntar—. No me volverás a tocar en tu vida.

Él la miró, pero ya estaba rendido de cansancio. Cogió algo en la habitación y se fue.

María casi no podía moverse; tenía heridas y marcas por todo el cuerpo. Abrió la ducha, se metió debajo del chorro de agua y, allí sentada en el plato de la ducha, con el agua corriéndole por el cuerpo, se quedó inmóvil, mirando a la nada, que era todo lo que le quedaba: nada. Ya no podía llorar para aliviar toda esa agonía e impotencia. Nadie, simplemente nadie se había movido para ayudarla. Se acostó en la cama y pasó la noche en blanco, literalmente, sin dormir y totalmente con la cabeza en blanco y la mirada perdida.

Abrió la puerta de la jaula y voló

Abrió la puerta de la jaula y voló
dando pasos suaves, cortos y despacio
con el corazón en una mano
y la esperanza en la otra.
Aparté todo lo malo y feo
para abrir esa puerta,
miré por la rendija
y me dolían los ojos por el esplendor.
Sin pensarlo di el salto,
froté las alas y las despejé,
y sin más VOLÉ.

La mañana siguiente se levantó muy temprano, él no estaba en casa y los demás dormían. Se vistió rápido un chándal y fue a la casa parroquial.

Tocó varias veces la puerta hasta que salió el cura desaliñado, acababa de saltar de la cama.

—María —dijo sorprendido de verla—, ¿cómo estás? Estábamos asustados por lo que pasó.

—¿Estabais asustados? ¿Sabes cómo estoy yo? Yo ya no me asusto, ya no tengo dolor, ya no siento y no lloro —contestó María—. Me voy esta noche, donde sea.

—Las hermanas me han dicho que cuando quieras puedes ir, te están esperando. ¿Necesitas que te ayude en algo?

—No sé, me voy a organizar. —Sin más, se dio la vuelta y se fue.

—Vale, avísame si lo necesitas.

De vuelta a casa se dijo a sí misma: «Tengo que hacerlo ya».

Lo primero era informarse del autobús con esa ruta, luego el precio del billete y solucionado, pensaba. Consiguió toda la información, solo faltaba el dinero. El autobús salía de la plaza del pueblo a las 6 horas de la mañana. Pero ¿cómo podría conseguir el dinero?

Era el día, no pasaría ni un día más allí. Seguía buscando cómo conseguir el dinero, pero no sabía qué hacer. «Si no puedo conseguir el dinero, me voy andando», pensó.

Estaba en su habitación preparándose para acostarse y la madre se acercó y le dijo:

—Mañana tengo cita en el médico, te dejo el dinero para pagar la mesada del pan. —El pan en el pueblo se pagaba a fin de mes—. Cuando te levantes, vete al panadero y págale.

—Vale —le contestó.

Al ver el dinero lo contó y pensó: «Me sobra para el autobús y un bocadillo».

Sintió un escalofrío en el estómago, los nervios a flor de piel, la ilusión desbordada, esperanza y miedo en la misma medida.

«Mañana es el día», pensó. Durante toda la noche le dio vueltas a cómo iba a hacerlo. Tenía que escapar sin que nadie se diera cuenta. Mientras dormían, saldría sobre las 4:30 horas para llegar temprano y que nadie la viera, rezando para que nadie se despertara. Preparó la ropa que iba a ponerse, una chaqueta, el dinero, un bocadillo y, muy importante, el carnet de identidad. Ya lo tenía todo. Nada podría fallar. Solo le faltaba rezar para que Dios no la dejara sola.

Se arrodilló a los pies de la cama y, con los ojos cerrados y las manos unidas, le pidió a Dios:

—Oh, Dios, esta es la única oportunidad de escapar de esto. Si Tú me ayudas, nada malo podría pasar. Te pido, por favor, que no me falles, ya que no puedo confiar en nadie más. Tú eres el único que tiene el poder para librarme de esta carga. Sin Ti estoy perdida. No me abandones.

Toda ella temblaba, tenía el estómago revuelto, la respiración se le cortaba y las piernas no le respondían, pero se vistió, cogió la chaqueta y el bolso con el dinero y el DNI y se paró en la puerta de atrás.

«No hay vuelta atrás», pensó. Cerró los ojos y dijo: «Que Dios me ayude». Abrió la puerta de atrás despacito y dio el primer paso hacia fuera. Ya estaba fuera, ahora a correr. Pero la perra, al verla, empezó a ladrar como si supiera que no la volvería a ver, su confidente se separaba de ella. La abrazó y le dijo bajito al oído: «Lo siento, Lazy, me tengo que ir. No ladres, déjame ir, no te lloraré más, no tendrás que escuchar más mis problemas. Si algún día nos volvemos a ver, seré como las demás, seré libre y nadie me podrá hacer daño. Pensaré mucho en ti y te echaré mucho de menos».

La perra se quedó en silencio como en señal de ayuda y la niña salió corriendo lo más que pudo, hasta avistar el autobús.

Verificó si había alguien conocido y que el número del autobús fuera el correcto. Estaba todo según el plan.

Esperó la hora de salida escondida detrás de la parada y, al anunciar la salida, corrió a entregar el billete y entró. Se sentó en su asiento y respiró hondo. Lo peor ya había pasado, pero seguía muy nerviosa; era la primera vez en su vida que salía sola al mundo sin saber lo que había allí fuera, solo con la ilusión de una vida mejor y poder dejar atrás todo el pasado.

Sin darse cuenta, se escurría en el asiento del autobús, como para ocultarse, hundiéndose en él. Al lado, una señora se dio cuenta y le dijo sonriendo:

—¿Nerviosa? ¿Es la primera vez que viajas sola?

Asintió con la cabeza y escuchó el ruido del autobús saliendo. Volvió a respirar hondo para ir recuperando el aliento: «Ya está, se acabó», pensó, «ahora todo irá bien».

Su corazón, a medida que se alejaba el autobús, se llenaba de ilusión y esperanza. Se imaginaba una vida maravillosa y todas las cosas bonitas que iba a hacer.

Apenas podía dominar los latidos de su corazón, lo sentía destacándose por todo su cuerpo hasta que casi no podía respirar. El miedo, la ilusión, la esperanza se mezclaban y le producían una inmensa ansiedad.

El viaje duró dos horas y algo. Cuando bajó del autobús, casi no podía estar de pie, las piernas le temblaban y tenía una sensación rara. Quería volver a entrar en el autobús y regresar, el miedo a lo desconocido la aterraba. Cerró los ojos, respiró hondo y salió de allí a la calle. «¿Qué puede ser peor?», se preguntó.

La calle era estrecha y de adoquines blancos y negros. En ambos lados se veían tiendas de *souvenirs,* librerías y cafeterías. María se sentó en un banco que estaba a un lado para reponerse y pensar un poco. Se propuso comer el bocadillo que se había preparado, pero no podía comer. Le dio un sorbo a la botella de agua y miró a su alrededor.

La gente pasaba para abajo y para arriba como si tuviera prisa.

«Tengo que buscar la calle, espero que no sea muy difícil», pensó.

Levantó la mirada intentando mirarles a la cara, pero la gente iba tan rápido que la aturdía y, encima, le daba mucha vergüenza. Pensó un momento qué decir y dio un paso al frente.

—Perdón, señora, ¿me podría ayudar? —le dijo a una señora muy elegante que parecía inspirarle confianza, aunque su cara se puso roja de la vergüenza.

La señora, vestida con muy buen gusto, paseaba su perro. Al escucharla, se detuvo, miró a la chica con detenimiento y le preguntó:

—¿Qué necesitas, niña?

Se sacó el papel del bolso, donde había escrito la dirección, y se lo enseñó.

—¿Me podría decir dónde queda esta dirección, por favor?

—Sí, claro —contestó—. Tienes que subir esta calle hasta la plaza y luego seguir por la calle de la derecha, siguiendo la avenida hasta pasar otra plaza más pequeña y ya por allí busca el número de la puerta. No es difícil, en diez minutos llegarás.

—Muchas gracias, señora.

—De nada, cariño, que tengas suerte.

Esas últimas palabras la delataron, seguro que se dio cuenta de que no era de allí y que estaba asustada.

Se centró en lo que le había dicho y siguió sus instrucciones. Comenzó a caminar, las calles le parecían tan bonitas. Todas tenían adoquines y las casas eran como monumentos, con figuras en las entradas y muchas flores en macetas, también muy decoradas.

Llegó a esa calle que buscaba, así que había que buscar el número. Se encontró delante de un edificio enorme, con una gran puerta de madera y a cada lado dos columnas con flores esculpidas. Arriba, un balcón que iba de lado a lado, donde colgaban flores de muchos colores. Buscó cómo llamar, pero no encontró el timbre. Se dio cuenta de que, a un lado, entre las flores que colgaban, había una campana. Sobre esta, un letrero de madera en el que ponía en letras doradas: «Congregação Servas da Santa Igreja». Lo de la campana lo había visto en películas.

Tiró de la cuerda y la campana sonó fuerte, como si fuera para la misa. Esperó, pero no salía nadie. Volvió a intentarlo. «Uff, ¿y si no hay nadie?», pensó.

Después de un rato, se abrió una ventanita de la gran puerta de madera, por donde asomó una anciana de pelo blanco recogido en un moño. Apenas se veía, estirándose para intentar que se le viera.

—Buenos días, señorita —le dijo—. ¿Qué desea?

—Buenos días, señora. Me llamo María y deseo hablar con la madre superiora, por favor.

—Un momento —contestó, mientras cerraba la ventanita.

Después de un largo rato, la puerta se abrió y pudo apreciar un patio precioso, con una fuente en el medio y rodeado de flores y esculturas.

—Entre, señorita, espere aquí un momento que aviso a la madre superiora de que está aquí —le dijo la señora, mirándola de pies a cabeza como examinándola.

—Gracias.

Mientras esperaba, miró a su alrededor; era precioso, como los jardines de las películas, todo muy limpio y cuidado, las flores eran preciosas y olía muy bien. Le encantaba todo lo que veía. Alrededor, se erguía el edificio con un balcón que lo circundaba, era hermoso.

—Hola, María, bienvenida.

Escuchó una voz suave y se giró.

—¿Madre superiora? —preguntó.

Era una señora ya mayor, pequeña y algo entrada en peso, con el pelo casi todo blanco recogido en un moño y gafas gruesas de pasta. Su cara era muy tierna.

Abrazó a la niña como si la conociera de toda la vida.

—Sí, soy yo —contestó, mientras la abrazaba con fuerza.

Era la persona con quien se había estado escribiendo ya hacía mucho tiempo, la que la entendió, aceptó y aconsejó en cada carta. Las dos, abrazadas, empezaron a llorar. En ese momento, sintió por primera vez el abrazo de una madre; era como si el cuerpo de la madre superiora absorbiera todo su sufrimiento y sus miedos.

—A partir de ahora todo va a estar bien —le dijo, apartándose de ese abrazo que no quería que se terminara. Le apartó los pelos de la cara y, con sus manos, le secó las lágrimas. Era la primera vez que sentía tanto cariño por parte de una persona—. Vamos, hija, empieza una nueva vida para ti.

Esas palabras le dieron a María un nuevo rumbo. Le había llamado hija, ahora tenía una pequeña ventana que se abría poco a poco en su inmensa oscuridad, que fue su vida hasta ese día.

Quizá la vida le diera otra oportunidad para poder ser feliz, quizás podría aprender y aceptar vivir como las demás personas. Quizás pudiera hasta olvidar. Esas palabras de la madre superiora fueron mucho más importantes que cualquier cosa que le pudiera pasar en la vida.

No podía imaginar lo que iba a pasar, pero estaba segura de que serían días mejores.

—Vamos a hacer una cosa: te vas con la hermana, te duchas, ella te dará ropa para que te pongas, y bajas tranquilamente cuando estés preparada. —La madre superiora hablaba de tal manera, y su voz era tan suave, que cualquier cosa que decía parecía una melodía.

Cuando terminó de ducharse, cogió la toalla, se secó, se cubrió con ella y esperó a que le trajeran la ropa. Entró la hermana y se fijó en sus brazos y piernas, cubiertos de heridas y moretones. La ropa que se había quitado todavía tenía marcas de sangre por las heridas más profundas.

—¿Qué te han hecho, criatura? ¿Quién ha podido hacer tal cosa?

—No importa, hermana, no me duele —respondió María. Sí le dolía, y mucho, pero eso solo eran marcas del pasado, pensó.

—Espera, que te pongo una crema que tengo.

Dejó la ropa encima del banco que había en el baño y salió corriendo. Regresó con la pomada y, con mucho tacto, se la puso en cada herida y en cada moretón que tenía María por todo el cuerpo, menos en la cara. Él sabía cómo hacer daño y que no se viera a los ojos de los demás. Las manos de la hermana eran como caricias y, con mucho cuidado, deslizaba los dedos para no hacerle daño. Cuando terminó, María se giró para darle las gracias y vio cómo le caían las lágrimas.

—Hermana, por favor, no llore —le dijo María mientras, con sus manos, le limpiaba las lágrimas—. No me duele, de verdad.

—Hija mía, ¿cómo no te va a doler? Si me duele a mí solo de verte. Que Dios tenga piedad —dijo mientras se persignaba, y se fue murmurando.

La rutina diaria

Durante las primeras semanas, la madre superiora siempre estaba con ella, enseñándole cada rincón de la casa, que más bien era un palacio. Cada habitación tenía un significado y una historia. Le enseñó también las rutinas de las demás hermanas, las labores que hacía cada una y, por fin, a elaborar un horario que debería cumplir estrictamente.

María estaba fascinada, todo era nuevo para ella. Ya en su cuarto revisó muy atentamente el horario. Debería levantarse temprano para prepararse y estar puntual en la capilla para rezar «las matutinas». Al terminar, directamente al comedor a ayudar a poner la mesa para el desayuno, luego desayunar. El resto de la mañana, hasta casi la hora de comer, se dedicaba a aprender a coser, bordar, calcetar y todas esas labores manuales. Luego, tenía que poner la mesa para la comida. Todo era muy formal y ceremonial. Al principio, le costó aprender el sitio de cada cosa, pero luego le resultaba hasta divertido.

Después de comer, recogía la mesa, ayudaba a limpiar la cocina y tenía treinta minutos para retirarse a su habitación. Por la tarde, se dividían las horas entre clases de piano y solfeo y re-cuperación de materias escolares, ya que habían hablado de que, al principio del año lectivo, tenía que seguir con los estudios. Ya después de la cena y el baño diario, siempre tenía un libro en la mesilla de noche, escogido por la madre superiora, siempre sobre la vida de los santos o sobre la historia de la congregación. Era la hora del día que más le gustaba, ya que le encantaba leer. Fue así cada día durante el resto del año.

Todas las hermanas eran ya mayores, pero muy amables. Se veían muy educadas y refinadas; todas eran de familias ricas que tuvieron buenos estudios y buenos colegios. Cuando empezó a ir al colegio, por las tardes se dedicaba a estudiar e ir a clases.

El primer día de clases fue muy emotivo, volvía a estudiar y eso era lo que la hacía más feliz. Era la más joven de la clase, ya que era un colegio de mayores. Las más jóvenes después de ella eran Manuela, con veintitrés años, y Gina, con veinticinco, que serían sus mejores amigas. María, con tan solo dieciséis años, de baja estatura y cuerpo muy delgado, piel blanca y con apariencia muy infantil, con su larga trenza, llamaba la atención de sus compañeros y profesores, que la miraban por los pasillos y la mayoría le preguntaba la edad porque no aparentaba los dieciséis años que tenía. Siempre iba con vestidos un poco infantiles también, proporcionados por la hermana encargada del vestuario.

Tardó en hacer amistades, ya que la timidez no se lo permitía, pero Gina, con su facilidad para hablar y su extenso vocabulario, rápido se interesó por la «niña» de la clase. Era tan fácil hablar con ella que enseguida se hicieron amigas. Manuela se unió a ellas unas semanas después. Todos los días tenía dudas y, como María tomaba notas de todo, pues a ella le venía muy bien.

Como antes, las clases le divertían mucho, principalmente matemáticas. Pasaba toda la clase como si solo estuvieran ella y el profesor, un señor mayor pero superamable. Enseguida se dio cuenta de lo fácil que se le daban los problemas y lo rápido que los resolvía. Entonces, y por desafío, le mandaba problemas cada vez más difíciles, la mayoría empíricos.

María siempre era la primera en ofrecerse para resolverlos y el profesor lo sabía, así que era todo un desafío para ella. Cuando terminaba, el profesor le preguntaba:

—¿Crees que es correcto?

—Sí —contestaba tímidamente, agachando la cabeza.

Y el profesor le decía:

—Vuelve a revisarlo.

Eso la hacía dudar y lo repasaba una y otra vez. Llegaba a hacerlo durante toda la clase y algunas veces lo llevaba para repasar también en casa, hasta que se dio cuenta de que, aunque los resolviera de formas diferentes, siempre tenían el mismo resultado, así que estaban bien hechos.

Al día siguiente, al llegar a clase de matemáticas, fue rápido hacia el profesor y le dijo:

—Los problemas están correctos —le dijo, y esta vez con convicción.

—¿Estás segura? —le volvió a decir, esta vez se le notaba una sonrisa.

—Sí, lo estoy —contestó María, y esa vez levantó la cabeza y lo miró confiada y segura.

—¿En serio, no tienes dudas? —insistió.

—No.

—Así me gusta —dijo el profesor, girando hacia toda la clase—. En matemáticas, así como en la vida, si no estás totalmente seguro, el resultado nunca es el correcto.

Fue una de las frases que la acompañó durante toda su vida y nunca la olvidó.

Ese año tuvo diez en todas las asignaturas, solo en química le pusieron ocho, y fue tal el disgusto que durante el camino hasta casa, lloró como si no hubiera aprobado ninguna.

Cuando llegó, directamente fue a la madre superiora y, entregando las notas, dijo:

—Lo siento mucho, hermana.

La madre superiora, conociéndola, se extrañó, pero al verla en tal estado, se temió lo peor. Cogió el papel, lo abrió y, por momentos, siguió en silencio. Al ver que no dejaba de llorar, le preguntó:

—¿Por qué lo sientes, María?

—No he podido sacar más nota en química, me cuesta mucho memorizar las fórmulas —contestó, sin levantar la mirada. La madre superiora se levantó de su silla, rodeó la mesa y la abrazó fuerte. Abrazaba de una manera que no lo hacía nadie, se imaginaba que así debería abrazar una madre; cuando lo hacía, había como una descarga y todo lo malo carecía de importancia.

—Mi niña, no llores, estoy muy orgullosa de ti, tienes que estar contenta. Nunca he tenido una novicia que sacara las notas tan altas y sacara el año en tan solo dos trimestres, así que hoy hay que celebrar. Venga, sube a tu habitación, lávate la cara y baja para cenar. Corre, que hay que dar la noticia a las demás.

Había veces que se olvidaba de que no se podía correr en el convento, como aquella vez, que salió corriendo de la emoción. Esa noche le hicieron una tarta en forma de libro, con un 10 dibujado y una vela roja. Era tanta la emoción que tenía, ya no por las notas, sino por el cariño y el acogimiento de las hermanas, que por primera vez en la vida sintió ese sentimiento de familia, de unión y apoyo. Allí tuvo muchas primeras veces. También era la primera vez en su vida que tenía una tarta de celebración. Al ver a todas las hermanas cantarle «es una chica excelente...», le caían las lágrimas, pero esa vez era pura alegría y gratitud.

Había terminado las clases, así que tenía que reunirse con la madre para reorganizar el programa de tareas para verano.

—María —empezó la madre superiora—, este año has trabajado mucho y con buenos frutos, tanto en el colegio como en el convento. He hablado con la hermana cocinera y me dijo que tienes muy buena mano para la cocina, enhorabuena. En las labores de costura, limpieza y organización también has avanzado mucho. Veo que pones interés y empeño en todo lo que haces, estoy muy orgullosa de que estés con nosotras. —Hizo una pequeña pausa y siguió—: Primero tengo que decirte que he programado unas vacaciones para ti.

Por respeto, no se podía interrumpir a la madre superiora hasta que no diera permiso, así que la niña se mantuvo en silencio.

—Vas a ir dos meses a Trás-os-montes. —Era una provincia del norte de Portugal, la población de Portugal con más despoblación y, en ese entonces, también de las más pobres—. Hace dos años enviamos a dos hermanas para ayudar al cura de la parroquia a escolarizar a los niños y ayudar a las familias. ¿Te gustaría ayudar a las hermanas en su labor?

Su cara se iluminó y se le dibujó una sonrisa.

—Me encantaría, madre, sería un honor. Muchas gracias.

—Tengo otra cosa que contarte. El abogado de la congregación y yo, en nombre de tu tutora, le enviamos a tu padre un comunicado para informarle de tu situación. Cuando hicimos la matrícula y, siendo tú menor, necesitábamos el permiso de tu padre o que nos cediera tu tutoría legal.

Casi se le hunde la tierra bajo sus pies. En un momento volvieron los viejos miedos y se puso blanca, no podía respirar. La madre, al verla así, la tranquilizó:

—Espera, tranquila, déjame terminar. Para nuestra sorpresa, tu padre accedió en el momento.

Respiró hondo e intentó recuperarse.

—Claro, sabía que nos habías contado todo y decidió no arriesgarse. Puedes estar tranquila, esa persona ya no puede acercarse a ti.

Fue muy pesado, era una población rocosa donde, para ir a algún sitio, tenía que caminar sobre grandes rocas y realizar largas caminatas, pero fue muy gratificante, ya que esos niños no tenían cómo educarse, porque no había colegios y las mujeres no sabían leer ni escribir. Rápidamente, todos la seguían y la ayudaban en lo que fuera. También aprendió mucho, principalmente por la amabilidad de todos, que ofrecían lo poco que tenían en sus pobres casas y siempre con una sonrisa espontánea.

El gran cambio

Todo cambió en mí,
dejé los miedos y temores,
dejé atrás los malos momentos
y me agarré a la esperanza;
esperanza de una niña intentando
florecer en este mundo sin color
y me agarré fuerte a esa cuerda.
Desde ese día que cerré la puerta
juré no mirar atrás
y tras esa puerta dejé los fantasmas
feos y crueles y aprendí a ser LIBRE.

Estaba ya de vuelta para empezar sus rutinas, cuando la madre superiora le comunicó que se tenía que ir al otro convento, ya que allí no podría estar más tiempo. Tenía que ir al noviciado con la hermana encargada de llevar esa labor. Así que se fue al llamado «noviciado». Ya lo había visitado un par de veces, era más pequeño pero muy agradable. La rutina era más o menos la misma: labores de casa y cocina, costura y punto, el colegio; solo añadieron clases de la Biblia y la visita de un cura para confesar.

Por las mañanas las labores eran diferentes cada día, pero por la tarde era siempre igual: estudiar e ir al colegio. Los sábados iba con la madre superiora a clases de piano, y los domingos, misa y catequesis con los niños. Por la tarde, les daban la libertad de salir.

Ella solía coger un libro, pasear por un parque junto a la capilla de los huesos y sentarse a leer en algún sitio solitario.

Un día, al llegar de clase, la hermana maestra de novicias la esperaba en la entrada.

—María, me gustaría hablar contigo, ¿me puedes acompañar?

—Por supuesto —dijo, siguiéndola.

—Acabo de recibir un escrito de la madre superiora y cree que ya estás preparada para hacer los votos. Por supuesto, seguirás estudiando, irás a la universidad y te formarás.

Para ella fue una sorpresa, no había pensado en eso y ahora se sentía confundida. No sabía si era eso lo que quería, pero tampoco le parecía mal. Estaba impactada y no sabía qué decir.

—Hermana, ¿podemos hablar mañana? —preguntó.

—Mejor hablamos el viernes. Mañana te visitará el padre Agustín, cuéntale todo y él te ayudará a tomar una decisión. El viernes volvemos a retomar el tema.

Habló con el padre. La verdad es que que no esperaba esto, o tal vez no tan rápido.

—Padre, no sé qué hacer.

—¿Quieres entrar a la congregación? ¿Quieres ser monja? No es tan difícil, o quieres o no —dijo el padre.

—No es tan fácil, nunca había pensado en eso, tal vez más adelante. No lo sé.

—María, escucha, las hermanas te han preparado para ello, estás preparada.

—No, padre, ellas me han instruido y me han proporcionado estudios. Se los agradezco en el alma, pero nunca hemos hablado de ser una de ellas. No es que me disguste la idea, entiéndame, pero en este momento no me siento preparada.

—Eres libre de decidir lo que quieres. Vas a cumplir dieciocho años el próximo año y ya falta poco. Solo puedes jurar los votos después de cumplir la mayoría de edad. Así que todavía tienes tiempo para pensarlo. Pero se lo tienes que decir a la hermana el viernes, cuando hables con ella, porque tus rutinas cambiarán para prepararte para los votos.

—Vale, padre, muchas gracias. Me ayuda mucho hablar con usted.

El viernes fue a hablar con la madre novicia y le dijo lo que había pensado.

—¿Eso es que no quieres jurar los votos? —preguntó la madre al terminar de escucharla.

—No, hermana, solo que necesito más tiempo, si es posible —le contestó María.

Estaba un poco asustada, porque era la primera vez que hablaban de hacer los votos y nunca lo había pensado, posiblemente porque no le había dado tiempo y nunca se lo había planteado hasta que se encontró frente a una propuesta casi impuesta. No le desagradaba la idea, pero tampoco quería defraudar a las hermanas que la ayudaron cuando no tenía a nadie.

—Bueno, María, es tu elección, pero creo que deberías pensártelo un poco más, ya que te falta poco para los dieciocho y no podrías seguir aquí si no haces los votos —le dijo la madre de novicias.

Se fue a la habitación muy confundida, sentía una presión en el pecho. Isabel era su compañera de cuarto desde que se mudó al noviciado. Siempre que podían, charlaban de sus cosas por la noche, después de que la luz se apagara. Isabel había hecho los votos el año anterior; la llamaban hermana Isabel. Al verla pensativa, le preguntó qué le había pasado. María le explicó un poco la situación.

—La verdad, no sé qué hacer. Estoy confundida y al mismo tiempo me siento presionada —dijo ella.

—No sé qué decirte, después de lo que las hermanas han hecho por ti, y sabiendo que no hay apenas vocaciones en estos tiempos, me parece que eres una desagradecida —le dijo la hermana Isabel.

María se quedó pensando en lo que le dijeron las hermanas, pero no podía entender qué estaba pasando. ¿La habían ayudado por caridad humana o para reclutar vocaciones? Igual, si se lo hubieran dicho desde el principio, lo hubiera aceptado, ya que no tenía más opciones, pero ahora le parecía una imposición. Aun así, se sentía en deuda con ellas. Después de un par de días pensándolo, decidió aceptar, ya que los primeros votos los hacía por dos años, luego tenía la posibilidad de hacer votos perpetuos o retirarse. Lo hacía por gratitud, pensaba que no era justo dejarlas después de todo lo que le habían ayudado.

Se preparaba para ir a la escuela cuando la hermana Isabel la abordó.

—¿Ya lo has pensado? —preguntó.

—Sí, he tomado una decisión —contestó María.

—Espero que les digas que sí; si no, quedarás fatal. No sabes el dinero que han gastado en ti, para que estudiaras, y ahora que ya vas a ir a la universidad, como te dan beca, ya no te hacen falta, ¿verdad? —Esas palabras a María le sonaron como una amenaza. No era justo que la forzaran a tomar una decisión, presionándola en vez de apoyarla.

En ese momento, tomó la decisión definitiva. Pidió audiencia con la madre superiora y fue a hablar con ella directamente.

La madre superiora, como siempre, la recibió con su abrazo acogedor de madre, que tanto le había ayudado siempre. Le agradaba mucho estar a su lado. Era la madre que le hubiera gustado tener, cariñosa, paciente, muy educada y amable. Explicaba siempre todo con tanta sencillez y era tan humilde que rápidamente le cogía cariño.

—¿Cómo estás, cariño? —preguntó con una leve sonrisa.

—No muy bien, madre —contestó, bajando la cabeza; le daba mucha vergüenza decirle lo que tenía que decir y, al verla frente a frente, no le salían las palabras.

—Veo que es difícil sacar lo que te oprime el pecho —le dijo la madre superiora, conociéndola y con la experiencia que tenía en estos temas—. Me pregunto si el problema es tan grave.

—Sí, madre, es muy vergonzoso para mí y doloroso, pero lo he pensado bien.

—¿Lo has pensado bien y has tomado una decisión? —siguió la madre superiora.

—Sí, madre. —No podía mirarla, por el respeto que le tenía, pero confiaba en ella y no podía defraudarla—. Madre, sé que ha hecho mucho por mí en un momento en que el desespero era mi modo de vida. Junto con las hermanas, me dieron lo que mi familia no me dio. Me defendieron y apoyaron más de lo que pude imaginar.

La madre superiora la escuchaba muy atentamente, con una sonrisa que le hacía más difícil soltar lo que estaba dispuesta a decir.

—Cariño —dijo con voz suave y despacio—, Dios tiene marcado un camino para cada persona. Esté donde esté tu camino, deseo que seas muy feliz. Si quieres hacer los votos, te doy la bienvenida, y si no quieres y lo has pensado bien, pues aquí me tienes para lo que necesites igualmente.

Había detenido la respiración sin darse cuenta, pero cuando escuchó esas palabras, tomó una bocanada de aire y sintió un enorme alivio. No la quería decepcionar, pero tampoco obligarse a aceptar algo para lo que no estaba preparada. Volvió a tomar aire y le dijo:

—No, hermana, no quiero hacer los votos —dijo María. Levantó la cabeza y miró a la madre, para ver la reacción. Ella permaneció allí, con la sonrisa dibujada.

—De acuerdo, pero quiero pedirte una cosa: no dejes de formarte. Tienes una buena beca que te ha costado muchos sacrificios, no la eches a perder por nada.

María, sin poder contenerse, se levantó de la silla, se arrodilló delante de la madre superiora y la abrazó, cayendo en un llanto. La madre le hizo levantar la cabeza, la besó en la frente y le dijo:

—Sabes que no puedes seguir en el noviciado, ¿verdad?

—Sí, madre.

—¿Qué piensas hacer?

—Todavía no lo he pensado, pero supongo que voy a empezar por buscarme un trabajo.

—Tranquila, haré una llamada. —Cogió el teléfono que estaba sobre la mesa, marcó un número y la escuchó decir—: Hola, ¿cómo estás? ¿Tenéis alguna vacante? Tengo una novicia que quiere probar suerte y necesita un trabajo, es su último año en la escuela y está becada íntegramente para la universidad. —Hizo una pausa, agradeció y colgó—. Enhorabuena —dijo—. Ya tienes trabajo. ¿Te gustaría empezar en Cáritas como telefonista?

—Claro que sí, madre, muchas gracias. La quiero mucho.

—Estaba muy contenta. Esa mujer había hecho más cosas por ella que nadie.

—Espera, tienes que buscar dónde vivir. Ahora es tarde, tienes que regresar al noviciado. Mañana llamaré para ver si la casa de estudiantes que hay en la misma calle tiene algo libre. Mañana te digo.

—Gracias, madre, muchas gracias. —No sabía cómo agradecerle todo lo que hacía y cómo lo hacía. Lograba que todo pareciera mucho más fácil.

Pero no era tan fácil, tenía mucho miedo de lo que se iba a encontrar allí fuera. Era raro, de un momento a otro, encontrarse ella sola y miraba a su alrededor para poder situarse y pensar cómo tenía que hacerlo; siempre había vivido con las rutinas que le imponían otros.

Al día siguiente ya tenía casa y trabajo, gracias a la madre superiora. Estaba contenta, le daba un poco de miedo, pero sabía que siempre tendría allí una madre y, en el colegio, tenía dos amigas que también la estaban apoyando y se llevaban muy bien: Gina y Manuela.

Una semana después se había mudado a la casa de estudiantes y, al día siguiente, se presentó a trabajar.

Un nuevo empezar

Contigo todo fue nuevo,
fuiste mi primera vez en tantas cosas,
fuiste mi primer enfado,
mi primer regalo,
mi primer te quiero,
mi primer beso,
mi primer abandono,
mi primer encuentro.
Contigo todo fue de estreno,
de corazón y con cariño,
borraste mis heridas
y derrumbaste mis barreras,
me dejaste indefensa
y me abandoné en ti.

Todo volvió a cambiar. Otra vez empezó desde el principio, pero en esta ocasión tenía el apoyo de la madre superiora y de sus amigas.

Trabajaba de ocho a doce de la mañana y, por la tarde, de dos a cinco, ya que las que estudiaban salían una hora antes. Luego, de siete a once, tenía clases; no todos los días tenía las mismas. Había días en que tenía más clases y otros, menos, y salía antes. Por primera vez, estaba conduciendo ella sola su vida, intentaba mantener un orden y tener todo controlado. No ganaba mucho, y la mitad era para pagar la casa de estudiantes, así que tenía que mantener un control muy estricto con el dinero. La mayoría de las veces le costaba llegar a fin de mes, y tenía que controlar lo que comía para no gastar demasiado. En el instituto no tenía problemas, ya que ese año se había ganado una beca completa y casi estaba segura de que la tendría en la universidad; solo tenía que mantener el nivel de las notas. Ya estaba adaptada a su nueva vida, y con sus amigas se llevaba muy bien y se ayudaban mutuamente. María las ayudaba a estudiar. Manuela era la que invitaba porque sus padres le daban dinero de sobra, y Gina era la que siempre animaba y escuchaba, y siempre tenía un plan.

Como en cualquier otro día, María venía de la escuela con sus dos amigas.

Manuela era de Estremoz, pero por alguna razón, los padres la enviaron a Évora a estudiar y vivía con una familia de acogida. Muy estudiosa y aplicada, tenía horarios para todo, siempre muy organizada. Gina era lo opuesto, chica de ciudad, rebelde, siempre preparada para la diversión, alegre y atrevida.

—¿Comemos unos cangrejos? —preguntó Gina.

—Uff, ¿otra vez con los cangrejos? —dijo Manuela, frunciendo el ceño. A ella no le gustaban, pero a María y a Gina les encantaban.

En el camino entre la escuela y la casa, siempre pasaban por un bar donde paraban muchos estudiantes, ya que los precios eran muy accesibles y había variedad de tapas. Vendían unos cucuruchos de cangrejos cocidos que estaban muy ricos: cuatro cangrejos cocidos envueltos en un cucurucho de papel de periódico que estaban buenísimos. Muchas veces paraban a comerlos y pasaban el rato cuando no había clase.

Manuela casi siempre tenía prisa, así que ese día se fue. María y Gina, sentadas en la barra, devoraban sus cangrejos entre comentarios banales y risas.

—Termina que nos vamos —dijo Gina, levantándose—. Voy al baño a lavarme las manos.

María asintió con la cabeza, ya que estaba muy liada con las patas de cangrejo. Cuando levantó la cabeza, le llamó la atención un chico que estaba sentado en la barra en frente de ella; la miraba con una sonrisa. Ella rápidamente bajó la mirada, avergonzada. Tenía los ojos más bonitos que había visto, y eso la incomodó mucho. Él se levantó con la copa en la mano y se dirigió a ella, se sentó a su lado.

—Hola —dijo con una sonrisa.

No podía creerlo, ¿cómo se atrevía? Se puso tan nerviosa que cogió su bolso y se fue corriendo del bar, sin darse cuenta de que dejaba atrás a su amiga.

Gina, que ya salía del baño, la vio corriendo hacia la salida y fue detrás de ella.

—Un momento, ¿qué pasó? —preguntó, mientras intentaba alcanzarla.

—Un tonto que estaba aburrido y pensó que le podría servir de diversión —dijo muy enfadada, quizás para que no se le notara lo nerviosa que le había puesto esa proximidad con el chico de ojos bonitos, que se le quedaron marcados. No podía olvidar esa mirada. Esa semana evitó pasar por el bar, pero ese día Gina insistía.

—Venga, cojamos cangrejos, me apetece mucho.

—Vale, entra tú, coge los cangrejos y vamos al puente a comerlos —le dijo María, intentando disimular que lo que no quería era volver a verlo.

—Para mí una de croquetas —gritó Manuela.

Se llevaron los cucuruchos y se sentaron en el puente que estaba en la misma calle, un poco más adelante. Un pequeño puente romano donde a veces se sentaban con los pies colgando y les tiraban los restos a los peces, que en el agua se peleaban y saltaban para coger la comida. De repente escucharon una voz por detrás:

—¿Un refresco para bajar los cangrejos?

Se giraron al mismo tiempo y allí estaba él, con cuatro refrescos en las manos. Las tres se quedaron mirando un rato, era digno de ver y les llamó la atención. Era alto, delgado, de pelo negro y grandes ojos color chocolate con unas pestañas enormes, poco usuales en un hombre.

—¿Y tú quién eres? —preguntó Gina, siempre la más atrevida y sin vergüenza alguna.

—El señor «me quiero mucho» —contestó María casi sin darse cuenta, lo cual provocó risas a todas.

—¿Lo conoces? —preguntó Manuela.

María negó con la cabeza, ya no podía levantarla porque se sentía muy avergonzada por lo sonrosada que se puso. Acababa de darse cuenta de que había hablado en voz alta.

—Bueno, ya que invitas... —dijo Gina, cogiendo una.

El chico le dio otra a Manuela y se sentó al lado de María, dándole una.

—Ya que invito a la bebida, ¿me podrías invitar a un cangrejo? No seas glotona —le dijo con una sonrisa burlona.

—Puedes beberte tu refresco, yo no voy a invitar a nadie —contestó María, un poco enfadada. Ese chico la ponía nerviosa y no sabía por qué.

Se levantó y, mirando a las amigas, dijo:

—Nos vamos, ya es tarde.

Y siguió andando. Él la siguió, con cara de enfadado.

—Oye, perdona, ¿qué te pasa, princesa? ¿Te he molestado?

—Sí —le contestó casi gritando—. ¿Te crees muy guay, no?

—Pues sí —contestó él con esa sonrisa otra vez. Eso a ella le molestó aún más. Cada vez andaba más rápido—. ¿Vas a seguirme? —preguntó.

—Si no te importa —contestó. Cada palabra que él le decía la enfadaba más.

—Pues sí me importa.

—Entonces te acompaño igualmente, estás tan enfadada que le puedes morder a alguien y no lo puedo consentir.

María ya no sabía qué más decirle, así que siguió andando lo más rápido posible sin mediar una palabra, y al entrar al portal de casa lo escuchó:

—¿No te despides?

No quería volver a dirigirle la palabra, «es un presumido», pensaba. Entró a la casa y ya dentro miró disimuladamente por la ventana y allí estaba él mirándola. «Uff», soltó. «¿Qué se ha creído?, arrogante», seguía por el pasillo.

Las dos semanas siguientes no pasó ni por delante del bar, las amigas se mofaban de ella, pero ese día solo había tenido una clase, así que salieron las tres juntas.

—Es guapo —dijo Manuela.

—Si no lo quieres, me lo quedo —intervino Gina—. Está para mojar pan y tiene coche.

—Os podéis quedar con él y compartirlo, a mí no me interesa —aseguró María, enfadada por la vergüenza que le estaban haciendo pasar.

—Vale, vale, no te enfades, señorita, él solo te persigue a ti y solo a ti —dijo Manuela para cerrar el tema.

Los lunes siempre salían temprano, y ese día hacía un poco de frío. Estaban a mediados del mes de septiembre, los días todavía eran agradables, pero por las tardes refrescaba un poco.

—Hoy podríamos ir a pasar el rato al parque —propuso Manuela.

—Vale, yo me apunto —dijo Gina. Se miraron las dos.

Era un merendero con parque para niños. Tenía una parte con mesas para hacer meriendas, y muchas veces las familias festejaban allí sus cumpleaños. Un sitio agradable, con mucha sombra en verano y en invierno tenía también zonas cubiertas.

—Vale, vamos. Tengo que estudiar, supongo que lo haré más tarde —contestó María, ya que cuando no tenía clases le gustaba repasar materia, y muchas veces lo hacía allí con Manuela. Pero ese día no traía los apuntes—. No voy a estar mucho tiempo, como mucho hasta las ocho.

—Vale, empollona —le dijo Gina, que era a la que menos le gustaba estudiar, pero entre Manuela y María siempre la ayudaban y acababa aprobando casi todo. No tenía buenas notas, pero sí las suficientes para aprobar.

Cuando llegaron al parque, estaba él con una mesa bien equipada, con tarta y todo. Quiso volver atrás, pero las amigas no la dejaron.

—No entiendo por qué me hacéis esto —dijo. Ellas lo habían preparado todo, eran sus cómplices—. Ya era lo que me faltaba, no puedo confiar en mis amigas —dijo molesta.

—Vamos, no hay nada de malo, quería festejar su cumpleaños contigo, nosotras solo le echamos una mano. Y como sabíamos que sola no vendrías, aquí estamos —explicó Manuela.

No contestó. No había otra, ya la había visto y no era educado volverle la espalda en su cumpleaños.

—¿Y el regalo? —preguntó—. Qué vergüenza, encima con las manos vacías.

En ese momento sintió una respiración detrás de ella, se dio la vuelta.

—Tú eres un regalo, eres mi regalo —le dijo. Las amigas los dejaron solos y se fueron a sentar. Ellos se quedaron mirándose el uno al otro.

—¿No me vas a felicitar? —le preguntó él, acercándose a ella y cogiéndola de la cintura—. Es educado besar a la persona que está festejando.

Ella se apartó como pudo, le estiró la mano y dijo:

—Felicidades.

Él, siempre con esa sonrisa que la ponía de los nervios, le cogió la mano y, de un impulso, la acercó. Se quedó un rato mirándola a los ojos y luego la besó en las mejillas.

—Así se felicita a un amigo.

—No eres mi amigo —dijo ella.

—Ahora ya no —le contestó—. Vamos a ser algo más, o eso espero.

Soltó un «uff», siempre lo hacía cuando se le agotaban los reclamos y no sabía qué contestar.

Él se acercó a la mesa para repartir la tarta.

—¡Nooo, y las velas! —gritó Gina—. No hay cumpleaños sin velas.

—Se me han olvidado —admitió él, dándose con la palma de la mano en la frente.

Gina, siempre tan ocurrente, sacó el mechero del bolsillo, lo encendió, y entre risas le cantaron el *cumpleaños feliz*. Sopló y repartió la tarta. Empezaron a hablar entre ellos, y Gina, con sus gracias, consiguió rápidamente animar el momento. María era de pocas palabras y le gustaba ver a la gente mientras se divertía y era feliz. Los miraba riendo y haciendo bromas. Él, sentado a su lado, tenía una sonrisa muy bonita, comía la tarta a bocados grandes, y ella examinaba todos sus movimientos sin que él se diera cuenta. En un momento, se giró y, al ver que tenía la tarta intacta, le dijo:

—Venga, pequeña, come, que te estás quedando en los huesos.

Ella se apresuró a comer y todos se rieron.

Lo habían pasado realmente bien, pero ya tenían que irse, era tarde. María miró el reloj.

—Madre mía, qué tarde se me ha hecho, me tengo que ir.
—Y se apresuró a recoger. Cada martes iba a visitar a la madre superiora una horita antes de empezar a trabajar, así que tenía que levantarse temprano, para comprarle un cactus. A ella le gustaban mucho y los coleccionaba, y María siempre que la visitaba llevaba uno diferente.

—No —dijo Gina—, ya recogemos nosotras. Juan te lleva a casa y Manuela ya me lleva a mí cuando terminemos.

—No hace falta, mi casa está en la otra calle, puedo ir andando.

—De ninguna manera —dijo él acercándose—. Yo te llevo, también tengo que irme.

Se encogió de hombros y ya empezaba a entender que era una pérdida de tiempo discutir con él. Gina se acercó a él y lo abrazó.

—Gracias y felicidades de nuevo —le dijo.

Manuela también lo hizo y volvió a felicitarlo. Luego se giró hacia ella y también la abrazó.

—Venga, felicítame otra vez, ellas lo hicieron, no seas descortés —le susurró al oído. La estaba apretando y ella se movía para escaparse, pero era imposible. Cuando esos brazos la cogían, era inútil luchar.

—Por cierto, me llamo Juan —dijo mientras la miraba.

—Yo me llamo María. Felicidades y gracias por la tarta —le dijo María, casi sin poder levantar la mirada.

—Ahora es cuando me besas —continuó él, acercando los labios.

—Claro que no —le gritó. Él hizo como si no escuchara y le dio un beso en los labios.

—Ya te dije que ya no somos solo amigos —siguió, y, cogiéndola de la mano, se dirigieron al coche. María lo seguía, todavía aturdida por el beso, apenas había rozado sus labios, pero fue como una descarga y no supo cómo reaccionar. Era la primera vez que un chico se le acercaba tanto, ese sencillo roce de sus labios lo sintió como un festival de sensaciones que la dejaron aturdida. Cuando se iba a sentar en el asiento, había una cajita envuelta para regalo.

—Tienes aquí un regalo —le dijo ella—. ¿Te lo pongo en el asiento de atrás?

Él lo cogió y le dijo, con la caja en la mano:

—Para la chica más bonita que he visto, espero que te guste.

—Y le dio el regalo sin dejar de mirarla. Esa mirada la incomodaba mucho. Lo cogió y, con voz muy tenue, dijo:

—Eres tú el que está de cumpleaños —mirando la cajita.

—Pero mi regalo fuiste tú, ¿qué más puedo pedir? Esto solo es un detalle que quise hacerte, a ver si te gusta.

Lo abrió y era un bonito pañuelo de seda.

—¡Qué bonito! No tenías por qué regalarme nada. Ella siempre llevaba un pañuelo a juego con el vestido, que anudaba en la cabeza o en la cola de la trenza, y él se había fijado. Le había encantado el regalo, y más que él se fijara en que los usaba.

Paró el coche frente a la casa de ella.

—Sabía que te gustaría —dijo, cogiendo la mano.

María no podía contestar y le sonrió. Salieron del coche, le volvió a coger la mano y se la besó. Él, al verla sonreír, se acercó más, sin soltar la mano. Tiró de ella y la abrazó, casi se rozan la cara. Podía respirar su aliento y se quedaron así, mirándose, sin decir nada. Él mantenía la mirada fija y ella no podía escapar, le temblaban tanto las piernas que, si él la soltaba, se caía al suelo.

Juan era alto, de 1,78 m de altura. Tenía los brazos largos, y sus manos eran grandes y suaves. Esos grandes ojos color chocolate eran como redes, la atraparon despojándola de valor. Si no fuera porque pasó un coche, seguirían abrazados y mirando hasta que amaneciera.

Él cogió su trenza con delicadeza y la pasó para detrás de la espalda, como una caricia.

La besó en la nariz y se apartó.

—Buenas noches, mejor que subas —dijo, un poco serio.

Ella solo podía obedecer. Cuando se disponía a entrar, él la agarró del brazo para que parara y le preguntó:

—¿Te puedo invitar a comer mañana?

—No lo sé. —E realidad no sabía nada, no podía ni pensar, solo quería salir corriendo. Necesitaba tiempo para reponerse y ordenar de nuevo su cabeza—. Mañana trabajo hasta las cinco y tengo clases —concluyó María.

—¿Entonces a cenar? —insistió.

—No lo sé, no estoy segura. —Era imposible decir algo razonable en ese momento.

—Vamos a hacer una cosa —dijo él—. Te espero a la salida de la escuela, si puedes vamos a cenar, y si no puedes vamos otro día, pero me gustaría verte aunque fuera cinco minutos.

—Vale —contestó ella, ya quería irse, no podía respirar de la tensión que tenía.

Él se acercó para darle un beso, pero ella se apartó. La besó en la mano y la dejó ir. Salió corriendo hasta entrar en casa, temía hasta que la siguiera.

Esa noche no había podido dormir, todo lo que le había pasado era demasiado para ella: su presencia, su proximidad, el roce de su cuerpo, todo eran imágenes que venían y se iban por instantes durante toda la noche. ¿Cómo podría definir algo que nunca había sentido? Por mucho que le diera vueltas, no encontraba las respuestas, pero le había gustado, eso sin duda. Sin embargo, le daba miedo esa situación, lo mejor sería no verlo más, le daba mucho miedo lo que empezaba a sentir, así no seguiría confundiéndola más. Tenía que estudiar y él captaba demasiada atención.

Así que cada día que iba a clases, llegaba justita y se iba corriendo, buscaba la manera de escapar sin que la vieran ni las amigas, ya que se habían confabulado con él. Seguro que se cansaría después de un par de días. Pero no le duró mucho. Un día, saliendo a escondidas de la clase, allí estaba él, dentro del colegio, al lado de la puerta de clase, con una rosa blanca en la mano y una sonrisa.

Desde el primer día que lo vio, siempre pasaba lo mismo, se ponía nerviosa como un animalito procurando escapar. Él se acercó tanto que María cerró los ojos para no verlo.

—¿No te gustan las rosas? —le susurró al oído.

—No —contestó casi sin abrir la boca. Mentira, las rosas blancas eran sus preferidas, ¿coincidencia u otra vez sus amigas se chivaron?

La cogió de la mano casi arrastrándola, la llevó al patio de la entrada, la aprisionó en sus brazos y delante de su cara le dijo:

—Te he encontrado, ¿no te has dado cuenta de que no puedes escapar? Siempre te encontraré, así que no pierdas el tiempo.

María temblaba tanto que no podía pronunciar una palabra. Se apartó de ella, la cogió de la mano y dijo bruscamente:

—Vamos.

Siguió andando con ella, presa de la mano.

María parecía volar, prendida de su mano, lo seguiría hasta la misma muerte en ese momento. Abrió la puerta del coche, la metió dentro y entró también. Su cara tenía un semblante serio; ella lo miraba, pero no se atrevía a decir ni una palabra. Juan parecía enfadado y seguía conduciendo sin hablar ni mirarla.

—Todavía tengo una clase —le dijo ella muy bajito, no quería enfadarlo más.

—Pues hoy te la saltas. No pudo decir nada más, había perdido el control de la situación, así que mejor no decía nada.

Cuando paró el coche, le ordenó con una sola palabra:

—Baja.

Lo obedeció enseguida. Juan bajó también y cogió algo en el maletero. La cogió de la mano y siguió andando. Paró junto a un árbol que se inclinaba hacia un acantilado, estiró una manta sobre la hierba, le dijo que se sentara, y lo hizo él también.

—Ahora vamos a hablar —dijo con voz autoritaria—. ¿Qué te pasa conmigo? ¿Por qué te comportas de esa forma? ¿Te he hecho o dicho algo que te ofendiera? Contesta.

Se hizo un silencio. No sabía qué decirle, ¿cómo traducir en palabras lo que tenía en la mente? ¿Cómo descifrar la maraña que era su cabeza? Ni ella misma sabía lo que le pasaba, solo que tenía la necesidad de escapar de él y, al mismo tiempo, de no soltarse de sus brazos. Era todo nuevo y confuso.

—¿Vas a contestarme? —insistió.

—No sé qué decirte —contestó mirando al suelo, no podía ni mirarlo.

—¿No quieres salir conmigo? ¿No te gusto?

—No es eso —dijo ella.

—¿Entonces qué es?

—No lo sé.

La cogió del mentón, le levantó la cabeza, la miró a los ojos y le dijo:

—¿Quieres que te diga qué te pasa? ¿Te lo digo yo? Solo tienes que decir sí o no.

Ella solo asintió con la cabeza.

—¿Escapas de mí porque me tienes miedo?

—Sí —contestó ella sin apenas abrir la boca, y las lágrimas empezaron a caerle por las mejillas.

—¿Porque te gusto?

—Sí.

—¿Mucho?

—Sí. —Quiso retirarle la mirada, pero él no la dejó.

—Vale, no es tan difícil —dijo él sonriendo—. Vamos bien. ¿Tienes novio o sales con alguien?

—No.

Él se iba acercando y eso era peligroso en ese momento, porque se sentía débil y sus ojos, mirándola tan fijamente, la debilitaban todavía más.

—Entonces, yo te gusto mucho y no tienes novio, vale, eso me ha gustado. —Por un momento se quedaron mirándose a los ojos, sin moverse y casi sin respirar. No existía nada ni nadie, solo ellos dos.

Se acercó un poco más y la besó suavemente en los labios. Fue tan suave que se quedó así, tal cual, sin retirarse, con los ojos cerrados, inmóvil, como si quisiera prolongar el efecto que le provocó.

Cuando abrió los ojos, él la estaba mirando con una sonrisa. Como despertando de un sueño, se apartó y, de un salto, se levantó y corrió camino abajo, lo más rápido que podía. Volvió esa sensación de miedo, de vergüenza, y su corazón iba a mil por hora.

—No sé qué estoy haciendo —decía mientras intentaba ir más rápido.

Él se sintió confundido y salió detrás de ella.

—Déjame ya en paz, por favor. Deja de seguirme —gritó ella.

—Espera, ¿dónde vas? ¿Sabes dónde estás?

—Me da igual, quiero irme —contestó, ya sin fuerzas. Miró alrededor y se dio cuenta de que veía la ciudad desde arriba, así que estaría lejos, y del desespero, del querer y no poder escapar, se desmoronó. Se sentó en el bordillo del camino, desató el llanto, queriendo liberar toda la presión que tenía por dentro, que no la dejaba quedarse ni tampoco irse.

Juan, con delicadeza, se arrodilló frente a ella y la abrazó fuerte. Sollozando y con las lágrimas imparables, se dejó abrazar. Sus brazos estrecharon su pequeño cuerpo como si quisiera protegerlo. La cogió en brazos y la llevó de vuelta a la manta. María se dejó llevar, no tenía fuerzas para resistirse, se sentía frágil y tenía mucho miedo.

—Eres como una muñeca —le dijo—. Una muñeca muy terca —añadió con una sonrisa.

Se sentaron en la manta y, sin que se dieran cuenta, ya era de noche cerrada. Se veía toda la ciudad iluminada, rodeada por su muralla, una imagen preciosa. Se acurrucó en sus brazos y levantó la cabeza mirándolo; era una sensación extraña, ¿qué tendrían esos ojos que la atormentaban? Eran preciosos, con largas pestañas. Nunca había visto un hombre con las pestañas tan largas, y eso lo hacía más guapo.

—Quédate conmigo esta noche —le dijo él, casi suplicando.

—¿Cómo? —exclamó, asustada, sin poder controlarlo—. ¿Tú qué crees? Llévame a mi casa, por favor. —Y se incorporó.

Él la volvió a sujetar y le dijo:

—Te quiero preguntar algo. —Ella se quedó mirándolo, esperando la pregunta sin decir nada—. Cuando dices que no tienes a nadie, ¿quieres decir que no tuviste nunca a nadie en tu vida?

Esa pregunta fue demasiado directa. Él, un hombre de veinticinco años, ya se había dado cuenta de que ella se estaba encontrando con situaciones y sentimientos nuevos y desconocidos. Solo tenía diecisiete años, pero a esa edad las chicas ya eran más sueltas y experimentadas. Era un poco raro encontrar a alguien así en esos tiempos, principalmente en la ciudad. Manuela había tenido dos novios y Gina los reemplazaba uno por otro. Pero María había tenido una vida diferente: no había tenido ni amistades con hombres y, en el convento, hasta el último año tampoco la dejaban salir. Así que solo había entablado amistad con Gina y Manuela, y ese era su mundo. Era normal que ahora se sintiera desubicada. No estaba en sus planes, ni de lejos, que le pasara tal cosa. Juan apareció de repente y transformó toda su vida, apoderándose de sus sentimientos, algo que no había experimentado nunca.

Seguía en silencio; le daba mucha vergüenza no poder contestar a eso.

—Vale, no hace falta que contestes, lo he entendido. Te prometo no hacer nada inapropiado, solo déjame abrazarte, quédate, por favor. —Esas palabras sonaron a súplica, como si en realidad él necesitara estar con ella y abrazarla. Lo quería también: estar en sus brazos, sentirlo, poder oler su aroma, era muy tentador.

—Vamos por un bocadillo y nos quedamos en el coche viendo el amanecer, ¿quieres?

Se sentía tan avergonzada que apenas pudo asentir con la cabeza. Después de comer, recostaron los asientos y él se deslizó, colocándola sobre su pecho. Era una sensación hermosa, tenía la camisa desabrochada y podía sentir su piel y los latidos de su corazón. Él le acariciaba el pelo y, de vez en cuando, le daba un pico en la punta de la nariz. Así pasaron la noche amándose, sin apenas tocarse ni hablar.

El sol ya apuntaba en el horizonte y seguían mirándose y acariciándose. Ella acariciaba su cara y sus manos, sintiendo emociones y despertando sentimientos.

—Pequeña, te voy a llevar a casa para que puedas descansar un par de horas, luego hay que trabajar —pronunció él, con pocas ganas—. Mañana es sábado, no hay clases y yo no trabajo, ¿a qué hora quedamos?

—Vale —contestó María, sin siquiera pensarlo. Se sentía muy cómoda a su lado—. ¿Te parece que a las 14 horas? Es que el sábado me toca la colada y la limpieza —dijo, encogiéndose de hombros.

Durante casi un año salieron a diario o se quedaban en el coche viendo el amanecer; él siempre la respetaba, y cuando ella lo apartaba, simplemente la abrazaba y se quedaba así.

María tenía sus barreras, nunca le dijo por qué, pero él la aceptó así. Se lo había prometido: hasta que estuviera preparada, no pasaría esas barreras. No podía pensar en nada que no estuviera él, era el centro de su vida y, al mismo tiempo, su fuerza. Estaba segura de que era amor.

Muchas veces, Juan le había confesado su amor, pero ella tenía miedo de decirlo. Para María era dar un paso decisivo y no sabía qué se iba a encontrar.

Él era cariñoso, atento, detallista y muy educado; desde el primer día lo había notado. Nunca levantaba la voz. Cuando a ella no le gustaba algo, simplemente lo eliminaba o cambiaba. Alguna vez, cuando discutían por algo, él acababa besándola y ahí se acababa la discusión. María era de pocas palabras, así que pasaban muchos ratos acariciándose y haciendo juegos con las manos. Cuando hablaban, nunca lo hacían de sus vidas. Ella tenía miedo de no poder explicarle algo y sentía que no era el momento; él, como con todo, la respetaba y tampoco hablaba de la suya. Juan sabía que ella tenía padres y cuatro hermanos y de dónde era, poco más. Y ella de él, solo que era hijo de madre soltera y dónde trabajaba. Eso les bastaba a los dos, ya que el presente les ocupaba todos los momentos.

Tenían su canción, se la había dedicado la primera vez que subieron al monte. La canción de Roberto Carlos *Eu preciso de você* (*Yo te necesito*, en español). Muchas noches cerraban los ojos mientras la escuchaban con las manos entrelazadas.

El fin de semana estaban paseando por un parque y, por casualidad, se encontraron con unos amigos de Juan. Uno de ellos era su primo, José, y se lo presentó. Se parecía a él, por lo menos físicamente, también era agradable. Tomaron algo en la explanada y charlaron un poco.

Unos días después, María estaba en el centro haciendo unas compras y se sentó en la plaza para tomar un café. Apenas empezaba a darle el primer sorbo cuando vio al primo de Juan, que venía hacia ella.

—Hola, princesa —la saludó—. ¿Me puedo sentar?

Le extrañó encontrarlo así, ya que nunca lo había visto hasta el día en que se lo presentó Juan. Por educación, le dijo que sí.

—Pediré un café, te invito —dijo.

—No, tranquilo, el mío ya está pagado. —Estaba inquieta con él, sin saber por qué no le caía bien; su mirada la dejaba helada.

—Me gustaría invitarte a algo, pide algo más.

—No, gracias —le contestó un poco apresurada y algo molesta por la insistencia. Tenía una sonrisa desafiante que no le gustaba nada. Así que se levantó para irse.

—Espera, te llevo, tengo aquí el coche —insistió.

María ya se sentía intimidada, se comportaba de una manera poco apropiada.

—Ni yo soy tu princesa ni tú mi chófer, así que cada uno por su lado. —Y se fue dejándolo plantado en la calle. «Es muy raro, cuando esté con Juan se lo voy a decir», pensó.

Ese fin de semana, Juan no apareció por ninguna parte y ella estaba preocupada y ansiosa. No era su estilo; él siempre provocaba un encuentro a diario, aunque fuera para verla unos minutos. «¿Le habrá pasado algo?», pensaba. No sabía dónde vivía; la había invitado varias veces, pero ella se había negado.

El fin de semana fue largo, cada cinco minutos miraba por la ventana. El domingo por la mañana ya estaba desesperada, sintió el timbre y salió corriendo, aunque él no podía hacerlo, porque en la casa de estudiantes no podían entrar hombres ni siquiera tocar al timbre. Él siempre aparcaba en la otra acera y tocaba el claxon. Cuando miró por la ventana, vio a Gina; hacía un par de meses que no la veía y siempre que pasaba eso volvía con un desencanto amoroso.

—¿Podemos hablar? —preguntó ella.

—Claro, amiga. Sube —contestó María.

—No, mejor baja y tomamos un café en la cafetería —respondió Gina. En la misma calle, al fondo, en la esquina, había una cafetería. Como quedaba cerca de su casa y del trabajo, siempre se juntaban allí para hablar.

Estuvieron más de dos horas hablando de su experiencia y cómo pasó todo, y lo tuvo que dejar, entre lágrimas y café. Cuando se recompuso, salieron de la cafetería para pasear un poco, y María le preguntó angustiada:

—¿Viste a Juan?

—No —contestó—. ¿Qué pasó?

Al girar la esquina, allí estaba, dentro del coche, con la ventana abierta, fumando un cigarro.

—No sé qué podría pasar, pero desde el jueves no lo veo —explicó María.

—Suerte —dijo Gina, mientras tomaban caminos separados.

Se dirigió al coche y se dio cuenta, por el semblante que tenía, de que estaba molesto. Entró en el coche y le preguntó:

—¿Pasó algo? Estaba preocupada.

Le iba a dar un beso, pero él puso el coche en marcha y condujo subiendo mucho la velocidad, lo que en él no era normal. Solo lo hacía cuando estaba muy molesto, así que era mejor permanecer en silencio hasta que se calmara y pudieran hablar. Pero cada vez iba más rápido y ya la estaba asustando.

—Por favor, ve más despacio —le pidió, agarrándose al asiento muy asustada.

Él no le hizo caso y siguió acelerando, y María estaba tan asustada que empezó a llorar. Al darse cuenta, bajó la velocidad, entró en un área de servicio, salió del coche y empezó a andar como un loco. Ella se quedó en el coche, no podía adivinar qué había pasado, así que esperaría a que se calmara y volviera.

Después de un largo rato, regresó. Estaba ya más calmado, pero se veía enfadado.

—¿Me puedes decir qué te pasa? —preguntó María.

—Dímelo tú —contestó secamente.

Se hizo un silencio. Ella lo miró, intentando buscar una respuesta, pero no sabía qué decirle.

—¿Me lo vas a decir o me voy? —le dijo ella, ya un poco cansada de la situación.

Él se mantuvo en silencio, bajó la ventanilla del coche y se puso a fumar. Ya sin saber qué hacer, abrió la puerta y gritó:

—Pues me voy.

De la rabia y la impotencia solo podía andar, y las lágrimas le corrían por las mejillas. Había andado por la carretera como diez minutos cuando sintió el coche acercarse.

—Entra. —Escuchó la orden. Ella intentaba andar cada vez más rápido y le contestó:

—¿Tú crees que me tienes en tus manos? ¿O crees que soy adivina? ¿Qué pasa? ¿Quién eres? —Seguía andando lo más rápido que podía, como si el coche no la fuera a alcanzar.

Él se dio cuenta de que no se iba a parar, así que frenó el coche en seco, salió y la agarró por los hombros. Fijando su mirada en ella, le dijo:

—Eso, ¿quién soy yo? ¿Quién soy yo para ti? ¡Contesta!

Ella no podía reaccionar; le parecía un poco violenta la situación. Se puso tan nerviosa que colapsó, le faltaron las fuerzas y se desmayó.

Nunca le había gritado de esa forma; no soportaba escuchar hablar en voz alta. Eso la ponía tan nerviosa que se bloqueaba, sus ojos eran como dos fuegos encendidos. Sintió miedo de su agresividad y no podía pensar; su cuerpo temblaba y su garganta estaba seca.

Al despertar, se encontró acostada en el asiento de atrás del coche, él agarrándole la cara y mojando la frente con agua. Estaba en pánico, llorando como un niño.

—Amor, despierta, por favor. —Se veía asustado. María le cogió la mano y la besó.

—Tranquilo, no pasa nada, solo me desmayé, ya pasó.

—¿Te llevo al hospital? —preguntó él con la voz entrecortada.

—No, en serio, ya estoy bien.

La besó por toda la cara con desesperación.

—Perdóname, perdóname —dijo mientras la besaba.

Ella se incorporó, tomó un poco de agua y, con un clínex, le limpió el rostro.

—Mi amor, ¿me puedes decir qué pasó para que te encuentres en este estado? No tengo ni idea de lo que está pasando. Y no grites, por favor, me pone muy nerviosa.

—¿Amor? ¿Soy tu amor? —Su cara había cambiado por completo; era la primera vez que ella pronunciaba esa palabra. Sus ojos volvieron a ser dulces, igual que antes.

—Claro, ¿y de quién más? Pero, por favor, estoy muy nerviosa.

—Nunca me lo habías dicho, me encantó escucharlo.

—Dime qué pasó —insistió ella.

—Mi primo —hizo una pausa—, cuando me dijo que había estado contigo paseando por el centro y tomando café, yo me volví loco —contestó como un niño.

María le explicó lo que había pasado en realidad, que, por supuesto, no era lo que le había dicho el primo.

—Es mi primo, crecimos juntos como hermanos, ¿qué le pasa? Me va a encontrar. —Volvió a enfurecer.

—No vas a hacer nada, no quiero más guerras ni disputas en mi vida. Por eso estoy contigo, tú no eres así. Déjalo pasar, solo se engaña él mismo. ¿Tú me conoces o no?

—Sí —dijo avergonzado.

—Sabes cómo soy, así que confía en mí. Si no es así, dímelo ahora mismo y lo dejamos. Yo confío en ti y, si escucho alguna tontería como esa, te la diría para que te puedas explicar, eso es confiar.

La agarró con las dos manos en la cara y la besó una y otra vez.

—Tú eres mi amor y yo el tuyo, claro que confío en ti, amor. Creo que me descontrolé un poco, perdona. —La volvió a besar y le susurró—: Eres mía, amor, dime.

—Solo tuya —contestó ya casi sin aliento.

Todo lo que había pasado despertó el desespero de la pérdida, algo había cambiado y sentían como una dependencia terrible. Ya sin palabras, él salió del coche, lo rodeó y la cogió en brazos, la sentó en el asiento delantero y condujo en silencio hasta llegar a un lugar que ella no conocía. En todo el camino no se dijeron nada. María se acordó del día de su cumpleaños, había pasado algo parecido. Las amigas le hicieron una pequeña celebración y también invitaron a compañeros del colegio, entre ellos dos chicos que casi siempre se juntaban a ellas para estudiar en la biblioteca o hacer algún trabajo en grupo. Uno de ellos se llamaba Gabriel y le gustaba María, pero era también muy tímido y nunca había podido decírselo, aunque toda la clase lo sabía. Cuando estaban dando los regalos, Gabriel le regaló un osito blanco con un corazón, pues el pobre quería declararse como buenamente podía.

Al verlo, Juan se acercó, se puso entre ellos y cogió el osito. Gabriel se quedó sin palabras, y Juan le dijo:

—Chaval, has llegado tarde, esta chica ya está ocupada, así que puedes quedarte con esto. —Y se lo devolvió.

Todos se quedaron mirando y el chico se sintió tan mal que agarró el oso y se fue. María no podía dejar pasar eso, al fin y al cabo eran compañeros de clase, y le regañó.

—No me lo puedo creer. ¿Por qué hiciste eso?

—El pobre está enamorado de ti, solo le eché una mano para que no sufriera —dijo riendo.

—Pues no deberías haberlo hecho, me da mucha pena.

La agarró y con sus labios sobre los de ella le dijo bajito:

—Eres mía y ya está.

Esas palabras le habían gustado mucho, pero le dio mucha pena el chico, que no le volvió a hablar. A veces le salía la vena celosa y se comportaba así.

Sintió que se paraba el coche y despertó de sus pensamientos.

—¿Dónde estamos? —preguntó.

—En mi casa. —Y la miró a los ojos como pidiendo permiso, y eso la inquietó mucho, sintió un escalofrío en la boca del estómago y el corazón a mil, estaba desorientada y solo lo miraba. Juan tomó eso como un sí y la cogió en brazos y entraron. Mientras se dejaba ir se decía a sí misma: «Tengo que intentarlo».

La posó suavemente en la cama y la besó. Allí, sentados en la cama, se quedaron mirándose uno al otro, dándose tiempo y esperando. Volvió a acercarse y, con los labios rozándose, le dijo:

—Yo te amo, ¿y tú? —Quería volver a escucharlo de su boca.

—Yo te amo —contestó ella.

—Confía en mí —le susurró.

—Sí —musitó ella ya sin aliento.

Él cogió sus manos y las besó: primero una, luego la otra. Luego las mejillas, luego los labios, inclinándose para que se acostara. Al sentir la cama, se asustó y gritó:

—No, no quiero, no puedo.

Él se levantó rápido, se sentó detrás de ella y la abrazó por la espalda.

—Amor, no hagas esto, confía en mí —le suplicó.

Su cabeza era un laberinto, quería, pero no podía. Sentía un pánico que se apoderaba de su mente.

—Amor, confía en mí —le repetía—. Eres mi amor, mi pequeña. —Ya no podía decir nada más, se apartó un poco y le dio un poco de tiempo.

—Bésame —pidió ella. Ya era su prisionera y se dejó ir.

Juan notaba que ella varias veces se resistía, le daba pausas y seguía; él fue paciente y cariñoso, delicado e insistente. Los dos permanecieron abrazados hasta que ella volvió en sí. Cuando por fin se dio cuenta de lo que había pasado, dio un salto y se cubrió con las sábanas. Estaba desnuda allí a su lado, no sabía qué hacer en esa situación, solo sentía mucha vergüenza. Él estaba con los ojos cerrados y ella se hizo la dormida.

La besó y le dijo:

—Amor, ¿quieres ducharte o voy yo primero?

Desde debajo de las sábanas, María gritó:

—Vete, vete.

Se asomó y él ya se estaba duchando; se escuchaba el agua. Se sentó en la cama envuelta en la sábana. «¿Y ahora cómo mirarlo a la cara?», pensaba. Estaba avergonzada, quería salir corriendo, pero no podía, ya no podía.

Se levantó de la cama y vio que había una mancha en la sábana de abajo.

—Uff, no me lo puedo creer, me ha bajado la regla ahora —dijo bajito para que él no se diera cuenta. Arrancó la sábana de la cama, la enrolló y la escondió bajo la otra.

Juan salía de la ducha con una toalla envuelta en la cintura.

—Te toca, pequeña.

Cuando lo miró, bajó la cabeza y corrió al baño. Se duchó rápido y se puso a lavar la mancha; en ese momento entró al baño y la vio.

—Cariño, ¿y las sábanas? —preguntó frunciendo el ceño.

—Es que me ha bajado la regla y se manchó un poco —le contestó bajando la mirada.

—Tranquila, pequeña —le dijo, agarrándola por detrás. La envolvió con los brazos y los dos se miraron a través del espejo—. No te bajó la regla, eso es normal. Fue tu primera vez.

Le quitó la toalla que la envolvía y le deshizo la trenza. También era la primera vez que la veía con el pelo suelto, cayéndole por la espalda hasta por debajo de la cintura. Le dio la vuelta y se quedó mirándola; ella intentaba taparse mirando al suelo. La abrazó. Era lo más bonito que había sentido en su vida, él la trataba y la cuidaba con dulzura y tacto. La cogió en brazos y caminó así a la habitación. La posó en la cama y le susurró al oído:

—Mi pequeña, mi amor, ya verás que esta vez ya no te baja la regla.

Él sabía lo que la avergonzaba, y ese tipo de situaciones más, pero le encantaba cuando bajaba la mirada y se le coloreaba la cara como una llama encendida.

Al despertarse por la mañana, él no estaba. Sintió ruidos en la cocina y había aroma a café. Se levantó rápido, aprovechando que él no estaba, se vistió rápido y fue a la cocina. Él ya había hecho el desayuno.

—¡Buenos días, amor! ¿Desayunamos?

Miraba la mesa y pensaba que nunca nadie le había preparado el desayuno; se sentía una reina. Le metió un trozo de tostada con mermelada en la boca.

—Come, cariño, hay que darse prisa, que no llegamos. Te dejo en tu casa y ya llego justito. Te hice un zumo de naranja —le dijo, acercando el vaso—. Bébetelo todo, que necesitas vitaminas. Fue una noche dura —bromeó con una sonrisa burlona y guiñándole un ojo.

—No hables así, sabes que me da vergüenza —le pidió.

—Venga, señorita vergonzosa, me encanta cuando te pones así. Venga, termina de comer, me voy a vestir.

Ya en el coche, le comentó:

—Hoy te recojo a las siete en el colegio, ¿vale? Quiero llevarte a un sitio.

—Vale, usted manda, señor —contestó ella, haciéndole la burla también.

—Ah, la señorita se ha despertado graciosa. —Sonrió. Le cogió la mano y la besó—. Te amo tanto.

—Y yo a ti —contestó con una sonrisa.

—¿Cómo? Repítelo.

—Te amo —repitió.

—Me encanta escucharlo. Prométeme que me lo dirás todos los días, mínimo diez veces. —La miró—. No pido mucho.

—Ya veré qué hacer contigo —contestó María, riendo.

Ese día fue interminable. Mientras trabajaba, se sentía observada; todo era diferente y maravilloso. El sentimiento que tenía, llenándole el pecho, era la sensación más bonita del universo y eso era lo máximo que podía pedir.

Gina fue a verla para cotillear un poco.

—¿Qué te pasa hoy que te ríes hasta para los cuadros de la pared? —preguntó.

—Me ama —soltó tocándose el pecho.

—No me digas. ¡Ey!, lo hiciste, y no me digas que no, si lo llevas escrito en la cara.

—Shhh. —María se tapó la boca con el dedo—. Qué mala eres.

Cáritas era una institución religiosa, estaba allí por la madre superiora para que pudiera seguir estudiando y el próximo año empezaba la universidad. No podía estropear eso, y si se corría la voz, eso sería un escándalo para las religiosas.

Al salir del trabajo, fue corriendo a casa para arreglarse. Sacó toda la ropa que tenía encima de la cama, no sabía qué ponerse. Por primera vez en su vida le preocupaba lo que se iba a poner. Él le tenía una sorpresa, así que tenía que ponerse guapa, hasta se puso un poco de maquillaje.

Al salir de clase, estaba Juan esperándola al final de la calle. Se dirigió a él corriendo, estaba tan emocionada que no podía evitarlo. Él fumaba un cigarro sentado en el capó del coche, pero estaba en chándal. Le parecía extraño que estuviera en chándal, era bastante formal. Se miró el vestido: «Yo me arreglé y él en chándal», pensó.

Lo abrazó y sintió que la apretaba mucho. Tuvo la sensación de que algo iba mal. Se apartó ligeramente para mirarlo a los ojos, pero él la volvió a apretar contra el pecho.

Presentía que, de nuevo, algo pasaba y no era bueno.

—Deja que te abrace —le dijo él mientras la apretaba contra su pecho.

—¿Qué pasa? ¿Te ha pasado algo? —preguntó ella, ya con miedo.

—Amor, me tienes que disculpar, pero lo de hoy lo vamos a dejar para otro día. No te enfadas, ¿verdad? Es que tengo un problema en casa y tengo que resolverlo —dijo apenado.

—Claro, no pasa nada —le contestó—. ¿Quieres hablar?

—Ahora no, me tengo que ir. Entra, te dejo en casa de camino —se ofreció, abriendo la puerta del coche.

—No hace falta, vete a resolver tus cosas.

—Me quedaría más tranquilo si te dejo en casa.

—Vale. —Entró en el coche, lo sentía preocupado.

—Si quieres hablar conmigo, yo te escucho, ya sabes —le dijo María, haciéndole una caricia.

—Ya lo sé, amor. El próximo día hablamos, ahora no puedo.

—Vale, como decidas.

Paró donde siempre y la besó. Hasta el beso lo sintió diferente.

—Amor, sabes que te amo mucho, ¿verdad? —dijo, agarrándole la cara.

—Lo sé —contestó—. Y yo también.

—¿Me amarás siempre y a pesar de todo?

Le pareció una pregunta extraña, pero al verlo tan preocupado, le contestó:

—Hasta que me muera.

La volvió a besar y se fue. Siempre esperaba que subiera, pero ese día no lo hizo. Estaba preocupado, se le notaba. «Bueno, ya no voy a poder dormir, así que mejor me pongo a estudiar», pensó.

Se despertó asustada, otra vez la pesadilla. Hacía años que no tenía esas pesadillas. Esta vez ella se había perdido en un sitio que no conocía, y por mucho que andaba, no podía reconocer los caminos. Se había quedado dormida sobre los libros, como casi cada noche. Le dio un sorbo al vaso de agua que tenía encima de la mesa, respiró hondo, pensaba en qué le habría pasado a Juan. «Espero que lo haya solucionado», pensó. Cogió un libro y empezó a leer.

Por la mañana, cuando llegó a trabajar, tenía una nota encima de la mesa para que fuera al despacho de la jefa. Cogió la nota y se dirigió a la planta de arriba. Al entrar, estaba una señora ya mayor, sentada en una silla, llorando con un pañuelo en la mano, y enfrente, sentada en la mesa del despacho, Ana, que era la jefa.

Miró a doña Ana y dijo:

—¿La señora me mandó llamar?

La señora mayor se levantó de la silla, gritando:

—¡Desgraciada, nos has arruinado la vida! ¿Cómo pudiste destruir la familia de mi hijo, y con una niña pequeña?

—Señora, siéntese —dijo doña Ana—. Vamos a hablar manteniendo la calma, por favor.

María se sentó, sin entender nada de lo que estaba pasando.

—Yo no la conozco, ni a su hijo, no sé de lo que habla —dijo, mirando a doñaAna.

—Mi hijo se llama Juan —respondió la señora mayor.

María se quedó paralizada, no podía pronunciar palabra. Al escuchar su nombre, se quedó helada.

—María, ¿qué puedes explicar de todo esto? —preguntó doña Ana.

María se levantó de la silla, se dirigió a la señora, se agachó a su altura y le dijo:

—Perdóneme, señora, yo no lo sabía. No sabía que tenía una familia, no lo podría adivinar. Si lo hubiera sabido, no lo habría ni mirado. Usted váyase a su casa tranquila, eso se ha terminado en este momento.

Las palabras de la señora fueron como una bofetada, y nunca una bofetada le había dolido tanto.

Se dio la vuelta y se fue corriendo, se olvidó de que estaba trabajando y se fue directamente a casa. No podía respirar, se ahogaba, le dolía el pecho y quería gritar, arrancarse el corazón del pecho y tirarlo para quitarse ese dolor que la estaba ahogando.

Se tiró en la cama. No sabía en qué pensar, en su cabeza todo era un río de acontecimientos y palabras que no tenían un orden. Estaba descompuesta, ofendida, disgustada con todos, pero sobre todo con ella misma. En ese momento se sentía tan humillada y triste que apenas podía dejar que su mente divagara por los acontecimientos.

Sentía el pecho presionado, como si una gran roca lo aplastara.

Todo era irreal, no podía creer lo que había pasado en unas pocas horas. El corazón se le aceleró y no podía respirar, y en un par de segundos intentó levantarse y se cayó al suelo. Al escuchar el ruido, el señor de la casa fue a ver qué pasaba y la encontró en el suelo inconsciente.

Habían llamado a la ambulancia y se despertó en el hospital. Gina estaba a su lado.

—Tranquila, me llamó tu casero y te traje al hospital en ambulancia porque no te despertabas —le explicó Gina para tranquilizarla.

—Estoy bien —le contestó.

—Sí, solo fue una crisis de ansiedad. Tenemos que hablar, ¿vale?

—Vámonos a casa, Gina, por favor. —Las lágrimas empezaron a salir sin control—. Me encuentro muy mal, amiga.

—Voy a ver si ya te puedes ir —dijo mientras salía de la habitación—. Vale, ya nos, ya nos podemos ir. El médico dejó unas pastillas que tienes que tomar para que puedas dormir y descansar, y la baja por siete días.

Mientras salían del hospital y en el recorrido hasta casa, no paró de llorar. Necesitaba sacar lo que tenía dentro para poder seguir respirando. No tenía otra opción; si no la echaban del trabajo, tenía que seguir su camino y pensar que todo lo que había pasado no fue más que una ilusión y se había terminado. Así que tocaba volver a la rutina de siempre, o eso creía. Pensaba en todo ese año que habían pasado juntos, se veían a diario, el comportamiento que él tenía hacia ella, cómo la cuidaba y la respetaba. En ese momento sintió su abrazo, su sonrisa, escuchó todos los «te quiero» que él le decía. El último día que habían pasado juntos no podía ser verdad, pensaba mientras su mundo se desmoronaba en tan pocos minutos, tan rápido que ella no podía ni asimilarlo.

Cuando llegó a casa, le pidió permiso al casero para usar el teléfono y llamó al trabajo para comunicarles lo de la baja. Luego se acostó en la cama.

—Venga, descansa un poco que yo te voy a cuidar, hago algo de comer y regreso. Vamos a hablar de lo que pasó —dijo Gina, levantando el dedo como si diera una orden.

Cuando volvió a la habitación, María permanecía sentada en el mismo sitio con la mirada fija. Gina traía un plato de patatas fritas con kétchup, no podía hacer otra cosa ya que no sabía cocinar.

—Venga a comer —dijo, posando el plato en la cama.

—Gina, no puedo comer ahora, tengo el estómago apretado.

—Sí, señorita, ¿sabes lo que me dijo el médico? Que tienes el azúcar bajo y estás muy débil, que tienes que alimentarte bien. Venga, que nos conocemos, seguro que llevas días sin comer.

—No es así, pero bueno, voy a comer una patata —dijo, cogiendo la patata.

—Y ahora me vas a contar qué pasó.

Pasaron toda la noche hablando, hasta para ella era una situación difícil. Gina sabía todo lo que le había pasado y buscaba soluciones a su manera.

—¿Por qué no hablas con él, a ver qué te dice? A lo mejor se queda contigo —decía Gina, intentando ayudar.

—Amiga, no se trata de mí ni de él, se trata de que está casado y tiene una niña, se trata de la mentira, se trata de que me ha engañado a pesar de todo. No voy a hablar con él, no lo quiero ver nunca más.

—Vale, lo que tú digas. ¿Quieres quedarte conmigo unos días?

—Gracias, de verdad, pero tengo que seguir con mi vida. Me he ganado una beca y no puedo quedarme bloqueada en este momento. Tú sabes mejor que nadie lo que he pasado y estudiado para conseguirla, así que la vida sigue.

—¿Y si te despiden por lo de la madre de ese?

—Bueno, pues busco otro trabajo. Solo tengo que pensar en la comida. La beca me cubre todo lo de la universidad, así que no hay problema —contestó María, intentando ordenar sus pensamientos.

—¿Entonces dejamos a Juan atrás? —concluyó Gina, estirando la mano.

—Eso haremos —contestó, apretando la mano.

—Hecho.

Al día siguiente, se puso a limpiar y ordenar todo lo que podía en la casa. Era su manera de relajarse, siempre lo hacía cuando necesitaba pensar. Ya al atardecer, escuchó el claxon de un coche. Era él, conocía muy bien el claxon de su coche. Intentaba ignorarlo cuando entró el casero.

—Señorita, por favor, baje y atienda a su amigo antes de que todo el barrio salga y se dé cuenta, ya sabe que no puede estar allí —dijo, un poco serio.

—Gracias, señor —le contestó, bajando la mirada.

Tenía que bajar para que se fuera. Había que enfrentarlo, si no, eso no se iba a terminar. Se cambió de ropa y bajó para decirle que se fuera. Cuando lo vio, salió y fue a abrirle la puerta del coche.

—No voy a entrar, vete ya y no me busques más —dijo, decidida.

—Por favor, hablemos, no me voy si no hablamos —amenazó él. Su cara estaba blanca y no se veía bien, así que entró en el coche para que los vecinos no los vieran.

Puso el coche en marcha y dio la vuelta para parar en el parque.

Cuando paró el coche, ella salió y se sentaron en uno de los bancos del parque.

—Escucha, llevo un año separado, solo que mi mujer y mi madre se llevan bien y me ocasionan muchos problemas, amenazando con la niña. Ella no me firma el divorcio, así que solo me toca esperar. ¿Puedes creer en mí?

—¿Creer en ti? ¿Cuándo debo creer en ti? ¿Ahora? ¿Qué más da lo que me digas ahora? Voy a ser directa contigo: ¿estás casado? Contesta.

—Sí.

—¿Tienes una hija?

—Sí.

—Pues no hay nada más que decir ni que explicar.

—Tenía miedo de decírtelo y que no te quedaras conmigo.

—Entonces, por si acaso, preferiste mentirme.

—No te mentí, te lo oculté porque lo estaba solucionando.

—Vale, pues sigue haciéndolo y cuando termines me buscas y volvemos a hablar del tema y yo decidiré si quiero estar contigo o no. Mientras, no quiero verte cerca. —Se levantó y empezó a andar como podía, casi arrastrando los pies, ya que sus piernas le temblaban tanto que casi no podía mantenerse de pie.

Él la seguía y, al girarse, la abrazó con fuerza.

—No lo hagas —dijo mientras sus brazos la tenían prisionera. Otras veces eso le dio resultado, ella siempre cedía cuando sus brazos la envolvían y la apretaban contra su pecho, mirándola con esos ojos que no podía ignorar, tenían un magnetismo irresistible y ella simplemente olvidaba todo y se dejaba ir. Pero ya no, eso se acabó, se acaban los cuentos felices de enamorados y empezaba el cuento de las mentiras y justificaciones inútiles. Ella se sentía herida y, en ese momento, no podía olvidarse de todo y seguir como si nada. Había una niña por medio y eso no se lo podía perdonar, ni a él ni a ella misma.

—No lo hago. Entonces, ¿qué hago? ¿Sigo dejándome engañar? ¿Sigo creyendo que todo va bien? ¿O espero a que tus acciones me arruinen la vida? ¿Qué hago?

—¿Ya no me amas? —Sus ojos sostenían lágrimas, que terminaron cayendo por su rostro.

—Juan, ¿qué importa ahora si te quiero o tú me quieres? Cuida a tu hija, no puedo decirte nada más.

Se despegó de él y se fue corriendo sin mirar atrás. Sentía un vacío en el pecho, ya no podía ni llorar, solo mantenía la mirada fija mientras la mente divagaba. Estaba cansada de todo y de todos, sentía que remaba contra una marea demasiado fuerte y que estaba a punto de rendirse.

Desde ese día, las noches eran muy largas y los días no tenían sentido, buscaba ahogar la mente en hacer cosas para estar ocupada. Empezó a tener las mismas pesadillas que tenía antes de entrar a las monjas, veía muchas puertas e intentaba escapar por ellas, pero o no podía abrir o estaban bloqueadas, lo cual le generaba un estado de ansiedad horrible y despertaba envuelta en sudor y llorando. Pero esa noche la pesadilla fue diferente, caminaba por una carretera desierta, estaba perdida y buscaba la manera de volver a casa, pero no podía encontrar el camino de regreso. Era desesperante y despertó gritando.

El casero, que las veces que no estaba en el pueblo se quedaba en el piso de abajo, escuchó los gritos y fue corriendo a ver qué pasaba. Tocó la puerta.

—¿Qué pasa, niña? ¿Estás bien?

Prefirió no contestar y hacer como si estuviera dormida. El señor nunca entraba a las habitaciones de las chicas, así que estaba a salvo. No quería tener que explicar nada ni que la viera en ese estado, así que, al no contestar y ver que había silencio, se fue.

Una semana después se presentó de nuevo a trabajar con la ilusión de que todo seguiría igual. Seguramente Ana le echaría una buena reprimenda, y ella le daría toda la razón, le pediría disculpas y todo seguiría su curso normal.

Al entrar, encima de la mesa había un sobre con su nombre. Lo abrió. Era una carta de despido «por falta de ética y moral». Se quedó sin fuerzas y cayó sentada en la silla.

Pensó que la llamaría, hablarían y lo resolverían, pero no fue así, no le dieron ni la posibilidad de justificarse, de decir que fue engañada y que no volvería a pasar. ¿Qué clase de personas eran? ¿Eso era ética y moral? No podía esperar tal reacción de personas que se golpeaban el pecho y que ella respetaba por encima de todo. Volvió a tener ese sentimiento de culpa que no la dejaba vivir, como años atrás. «Todo es culpa mía, por tonta, por pensar que alguien podría valorarme, ¿qué valor puedo tener, si no puedo hacer nada bien?», pensaba ella mientras recogía sus cosas. «¿Pensabas que alguien podría quererte? Pues ahí lo tienes, solo tienes que estudiar, nada más. ¿Por qué me pasó algo así? ¿Por qué nunca nadie me escucha? La verdad, no los culpo, todo es mi culpa por pensar que podría ser normal».

Ella misma también se condenaba sin escucharse. Mientras caminaba así a casa, seguía agrediéndose a sí misma, como si su voz interior igualmente la condenara a una vida miserable. El nudo en su garganta se le apretaba cada vez más, casi no podía respirar. Se tumbó en la cama e intentó cerrar los ojos y dormir, para así aliviar esa carga por un momento, pero no podía, daba vueltas y vueltas y era inútil. Se levantó, le dolía mucho la cabeza y sentía un leve mareo. Puso la bañera a llenar, fue a la habitación, cogió las pastillas que le había dado el médico para que pudiera dormir y tomó unas cuantas. Se miró en el espejo del baño, estaba muy cansada, pero muy cansada de verdad.

—¿Por qué eres así? —le preguntó al reflejo del espejo—. ¿Por qué eres tan tonta? Ya es hora de que cambies y crezcas —se dijo. Cogió la trenza y unas tijeras y la cortó casi completa—. Deja de pensar como una niña y que todos te usen como si fueras una muñeca sin vida propia. Se acabó.

Mirando la trenza en su mano, le vino el recuerdo cuando él se la cogía y la deshacía solo para acariciarle el pelo. Le encantaba su pelo, lo olía y cerraba los ojos. Sacudió la cabeza para que se fueran todos esos recuerdos que solo le hacían daño, se acostó en la bañera llena de agua caliente e intentó relajarse.

Al abrir los ojos, se sentía un poco aturdida. Vio a Gina a su lado y era como un *déjà vu*, nuevamente en el hospital. Intentó moverse, pero tenía cables por el pecho y un tubo en la boca y estaba sujeta a la cama con gasas para no moverse. Gina vio que estaba confundida y llamó a la enfermera. Había un poco de caos en el aire, se estaba poniendo nerviosa, y llegaron el médico y la enfermera. Él ordenó que le sacaran el tubo y los cables, le midió la tensión y, con cara de pocos amigos, leía el informe que tenía a los pies de la cama.

—Doctor, estoy bien, ya me puedo ir —dijo María intentando levantarse, pero las gasas que tenía en el pecho le impedían levantarse, la sujetaban a la cama.

El médico les dijo a la enfermera y a Gina que salieran.

—Tenemos que hablar, señorita —dijo con un tono extraño.

—Doctor, ¿me puede sacar las gasas primero? Quiero levantarme.

—Primero hablamos —sentenció.

Se estaba poniendo cada vez más nerviosa, y no sabía el porqué.

—¿Qué pasa, doctor? —preguntó.

—¿Intentó suicidarse?

—No —contestó ella directamente y sin pensar.

—Señorita, si quiere, llamo a un psicólogo.

—Doctor, no quiero suicidarme, ¿por qué lo haría?

El médico se sentó en la cama y le dijo:

—Se tomó pastillas para dormir y casi se muere ahogada en la bañera. Si hubiéramos llegado dos minutos más tarde, no estaría aquí hablando conmigo. ¿Y me dice que no quería suicidarse?

—Yo solo quería descansar un poco, me tomé dos pastillas que me habían recetado para dormir y me di un baño caliente para relajarme e ir a dormir, nada más —explicó.

—¿O lo hizo porque está embarazada? —lo soltó sin más.

—¿Qué?

—Está embarazada, ¿no lo sabía?

—No. —Se quedó pasmada mirando al médico—. Señor, por favor, dígame que no es verdad. —No podía digerir otro palo más, eso ya era demasiado, ¿cómo podría estar embarazada en una sola noche?, pensaba. Lo que le estaba pasando era demasiado. No podía con tanto. Quería decir o hacer algo, pero su cabeza no podía tampoco asimilar tanta cosa junta. Se quedó mirando la puerta cuando el doctor se fue.

Al rato entró su amiga, mirándola, su mirada era como de compasión. Gina la abrazó y, durante un largo rato, lloraron las dos desconsoladamente.

—Estoy embarazada —dijo casi sin poder hablar.

—Ya lo sé, amiga —contestó Gina, quizá acordándose de su propia historia. Se había casado por estar embarazada, fue un matrimonio corto y problemático, y al final el padre le quitó a la niña y no se la dejaba ver.

—¿Qué voy a hacer?

—Ya lo resolveremos —contestó.

Los médicos pensaron que era un caso de suicidio, por eso se encontraba así. Vino la enfermera y le comentó que vendría la ginecóloga para ver que estuviera todo bien y, si fuera el caso, ya podría irse. La ginecóloga la examinó.

—El bebé está bien, no te preocupes, y según los análisis, estás muy débil, así que te voy a dar unas vitaminas y tienes que alimentarte un poco mejor. Y es todo. ¿El padre? —preguntó, como si algo oliera. María se quedó bloqueada, no sabía qué decir en ese momento.

—Lo resolveremos, doctora —dijo Gina. Tampoco sabía qué decir.

—¿Cómo lo vais a resolver? Ahí dentro hay un bebé, ¿dónde está el padre?

Nos quedamos mirándonos unas a otras, sin poder decir una palabra.

—Doctora, acabo de enterarme, no lo sabía —dijo María sin saber qué más decir. La médico se veía molesta.

—Pues hable con el padre de la criatura y resuelva lo que tengan que resolver —dijo, y se fue.

Seguían mirándose la una a la otra como bobas, ninguna estaba entendiendo nada.

—Amiga, la doctora tiene razón, hay que hablar con Juan, ¿qué puedes hacer? Lo primero es que se lo tienes que decir

—dijo Gina, y tenía razón, no había dado tiempo de pensar en nada, pero venía un bebé inocente y eso había que pensarlo muy bien—. Amiga, te dejo en tu casa y lo localizo, ¿vale? No puedes dejar pasar más tiempo.

—Vale —contestó, necesitaba tiempo para recomponerse y asimilar todo aquello.

Cuando llegó a casa, solo se cambió de ropa, se tiró en la cama mirando el techo. Se quedó así, su mente estaba bloqueada, no podía pensar en nada, venían de vez en cuando imágenes y se iban sin poder recordarlas. Quería recordar lo que había pasado en las últimas horas, pero era inútil, no podía concentrarse. Así estuvo hasta la mañana. Se dio cuenta de que el sol entraba por la ventana. Seguía acostada atravesada en la cama, en la misma posición que cuando se acostó. Y se levantó. De repente, algo en su cabeza le dijo: «Tienes que comer, hay una criatura dentro de ti». Se sentó en la cama y por primera vez se dio cuenta de su situación. Tenía un bebé. Se llevó las manos al vientre y se quedó en silencio unos minutos. Se levantó, se dirigió a la cocina y abrió la nevera. Había una pera y un yogur. Cogió el yogur, le puso una cucharada de azúcar y lo comió.

Alguien tocó el timbre. Se asomó y era Gina. Sacó la cabeza por la ventana y le gritó:

—Me pongo algo y bajo.

Se puso un vaquero y una blusa que tenía a mano, buscó un pañuelo para atar la trenza como siempre lo hacía y se quedó inmóvil mirando el pañuelo. Era el pañuelo que él le había regalado nada más conocerlo. Sin pensar, lo tiró encima de la silla y cogió otro, lo amarró y bajó corriendo.

Cuando llegó abajo la esperaba Gina.

—Venga, que quedé con Juan a las 11 horas y solo tiene 30 minutos, vamos a llegar justitas.

Él estaba en la cafetería tomando un café y por un momento se detuvieron en la puerta.

—Gina, ¿cómo se lo digo?

—¿Cómo se lo dices? Pues dos palabras: estoy embarazada. No es tan complicado —dijo la amiga—. ¿Voy contigo?

—No, yo puedo, se lo tengo que decir yo. Espérame fuera.

Caminó hasta su mesa arrastrando los pies. Le temblaban las piernas e intentaba buscar las palabras. En ese momento él se giró y la vio.

—Ven, siéntate, ¿quieres tomar algo? —le dijo. Parecía estar nervioso, pero tenía una sonrisa—. Me dijo Gina que querías hablar conmigo. Me alegro mucho, tenía mucho miedo de que no quisieras verme más.

Ella no lo escuchaba, solo buscaba las palabras en su mente y le estaba costando demasiado. Él la cogió de las manos y siguió:

—Sabía que lo pensarías mejor y no me dejarías solo. Perdóname.

—Estoy embarazada —soltó sin más.

Se quedaron inmóviles y mirándose por un momento. Ninguno de los dos tenía palabras y solo se miraban intentando adivinar lo que le pasaba por la cabeza al otro.

Él le soltó las manos y preguntó:

—¿De cuánto tiempo?

—¿Perdona? —dijo ella.

—Disculpa, será la noticia, que me cogió de sorpresa, no sé ni lo que digo. Vamos a solucionarlo, no te preocupes. —Se levantó de la mesa diciendo palabras sueltas—. Me tengo que ir, mañana hablamos. Mañana aquí, ¿vale?

Ella solo lo miraba, no sabía cómo iba a tomar la noticia, sabía que no sería fácil y contaba con ello, pero eso la dejó más confundida todavía. Lo miraba saliendo por la puerta y no podía ni hablar. «Se ha ido sin más, ¿cómo lo vamos a resolver?», pensaba María, mirando la puerta. En ese momento entraba Gina. Se había olvidado de ella y al verla entrar volvió en sí.

—¿Qué te dijo? ¿Qué pasó? Lo vi irse, le hablé y no me escuchó. ¿Discutiste? —Estaba ansiosa por saber y más después de verlo en ese estado.

—No sé, cuando se lo dije quedó en *shock*, dijo que no me preocupara y se fue. No sé qué decir.

—¿Ya está? ¿Y qué vais a hacer?

—Dice que mañana hablamos, lo tendrá que pensar, no sé.

—Sabes que no te van a dejar quedarte en la casa, ¿verdad? Te van a echar en cuanto se enteren —le advirtió Gina.

—Por favor, Gina, no me lo recuerdes, no puedo pensar, tengo que ver lo que me dice mañana y luego veo qué hacer.

—Vale —contestó la amiga—. Yo estoy contigo, ya lo sabes.

—Gracias, amiga, no sabría qué hacer sin ti. Lo que me costó casi tres años de duro trabajo se esfumó en una semana, ¿te das cuenta, amiga? ¿Cómo se puede arruinar una vida así tan rápido y fácil?

—¿Quieres que te acompañe mañana? —Gina no sabía qué decirle, todo era tan complicado que ni ella podía decir nada acertado.

—No, tranquila, puedo ir sola.

—¿Vas a volver con él? —preguntó Gina, un poco intimidada por la situación.

—No, no sé qué pensar, solo quiero que me ayude en este momento por el bebé, no pienso en nada más. —La abrazó.

—Ay, amiga, esto no va a ser fácil, ya lo sabes.

—Lo sé, pero ¿qué puedo hacer?

—Estás haciendo lo correcto, no te preocupes, él te ayudará si está muy enamorado de ti, el tiempo cura todo —dijo Gina—. Tienes que comer, acuérdate —concluyó mientras se iba.

Al día siguiente ella lo esperaba en la misma cafetería. Levantó la mirada y allí estaba él, miraba al suelo y llevaba un papel en la mano.

—Toma y ya sabes qué hacer —dijo, sin mirarla ni añadir nada más. Le dio el papel y se fue.

¿Qué había pasado? Ella permanecía sentada mirando el papel. Era un cheque al portador de veinte mil escudos. ¿Qué quiso decir? No lo entendía, ¿qué quería que hiciera?

Desde la cafetería llamó a la amiga para ver si ella entendía lo que había querido decir.

—Me dio esto y me dijo que sabía qué hacer —le contó María mirando el cheque.

Gina llegó lo más rápido que pudo, miró el cheque y se llevó la mano a la boca.

—¿Qué debo hacer?

—Este dinero es para que abortes, amiga. Nunca pensé que hiciera esto.

María se quedó allí parada mirando a su amiga y asimilando lo que le había dicho.

—¿Abortar? ¿Qué? —En ese momento perdió el control. Mientras andaba de un lado al otro de la calle, repetía esas dos palabras.

—Cálmate, piénsalo bien. No es así de simple. Tienes que calmarte y pensar qué vas a hacer, no hay duda de que te dejó tirada.

Le entró una tristeza que le llegó al alma, en ese momento todo su mundo y el poco que le quedaba se fue. Era una tristeza que no la dejaba llorar, pero le apretaba el pecho. Esa frase, «ya sabes qué hacer», le penetró en el alma. Solo escuchaba eso. Estaba en plena calle caminando, no sabía dónde, intentando buscar un camino como en la pesadilla, pero no lo encontraba.

—Gina, ¿qué voy a hacer ahora?

—¿Quieres abortar? —preguntó.

Miró a la amiga como si le hubiera dicho algo horrible.

—Sabes que hay veces que no sale bien, es peligroso.

—Nunca se me pasó por la cabeza hacerlo, me da igual lo que él piense, no lo voy a hacer. Ni siquiera me lo propuso. ¿Qué pasó con el hombre que conocí hace un año? ¿A dónde se ha ido tan rápido? Gina, dime algo. Decía que me quería, lloraba por mí. ¡Oh, Dios, qué tonta soy!

—No, no eres tonta, a nosotras también nos engañó y bien. Lo hemos ayudado cuando tú no querías ni verlo y ahora me siento culpable.

—La única culpable soy yo, solo que ahora me siento tan perdida.

—¿Qué vas a hacer entonces? —volvió a preguntar.

—Ahora verás —contestó enfurecida, caminando a toda prisa con el cheque en la mano.

—Espera, voy contigo. —Casi no podía alcanzarla.

Caminó hasta el sitio donde él estaba trabajando y lo esperó. Cuando lo vio bajar las escaleras, se puso delante de él, rompió el cheque a trocitos y se lo tiró a la cara.

Él no podía ni imaginarse esa situación, mientras ella se iba y Gina la seguía, permaneciendo allí ante la puerta, paralizado.

A partir de ese día, María se centró en encontrar empleo. Mientras recorría los comercios y hoteles de la zona, se veía a sí misma llorando a diario y pudo sentir de nuevo esa agonía.

Se preguntaba a sí misma cuál fue el pecado por el cual estaba pagando, qué había hecho tan grave para que toda su vida fuera un calvario. Ya no tenía lágrimas, no podía llorar, tenía que encontrar un trabajo para poder seguir. Puso sus manos en el vientre y dijo:

—Podremos, ya verás. —Era una promesa como tantas que se había hecho a sí misma.

Por más que lo buscara, nadie la contrataba ni por horas. Una semana después, el dueño de la casa le dijo que tenía que irse lo antes posible, todos lo sabían ya, no podía hacer más. El mismo día recibió el comunicado de que la beca le había sido cancelada.

Fue otro golpe más que le provocó un gran dolor para sumar al que ya tenía. Ya no sentía nada, porque había tocado tan hondo que no podía ser peor. Era uno de los motivos que la hizo irse de la casa de sus padres, quería prosperar, estudiar, y fue algo que, a pesar de todo, nunca pensó en renunciar, y ahora volvería de nuevo a la categoría de sueño. Allí sentada en las escaleras pensaba lo que había hecho para poder llegar allí. Para ella no era difícil aprobar, pero quería ser la mejor y eso necesitó de mucho esfuerzo, mucha constancia y muchos días sin dormir y sin comer, porque no le llegaba el dinero para los materiales escolares y ella siempre optó por el estudio antes de la comida. Por eso estaba siempre tan delgada y débil. Fue tan difícil conseguir esa beca y la había conseguido; de todo el colegio, fue la única que la consiguió íntegra. Muchas veces llevaba los apuntes en los bolsillos para repasar cuando tenía dos minutos, cogía el papel una y otra vez, a la hora de comer y hasta cuando iba al servicio. El día que le comunicaron que tenía una beca completa fue el día más feliz de su vida.

Y ahora, en esa misma escalera, lo había perdido todo, no tenía trabajo, no tenía casa, ni beca, ni idea de lo que debería hacer. Con la mano en el vientre pensó: «Tengo que volver al principio, pero ahora no estoy sola. No te prometo nada, pero te digo que lo haré lo mejor que pueda».

Gina venía caminando con otra chica que había empezado a trabajar en Cáritas un poco antes de que María se fuera. La conocía, pero no mucho. Respiró hondo y se levantó.

—¿Cómo estás, amiga? —dijo Gina abrazándola—. ¿Ya conoces a Liliana?

—Sí, la he visto un par de veces en la oficina cuando empezaba —contestó mientras la saludaba.

—No te preocupes, que sabe todo, como todo el barrio, la madre de Juan se encargó de divulgarlo por todos lados —dijo Gina, muy enfadada.

—Lo siento mucho, si puedo ayudar, considérenme una amiga —intervino Liliana. Era muy amable y se veía con educación, siempre iba bien vestida y maquillada.

—Gracias —contestó—. Solo necesito un trabajo y un techo, no pido mucho. —Bajó la mirada para que no se notara tanto el desespero.

—¿Cuándo tienes que irte de aquí? —preguntó Gina.

—Se termina el plazo mañana y no he encontrado ni trabajo ni dónde dormir.

—¿Quieres venir a mi casa? No es muy grande, pero puedes dormir en la habitación de los niños, por lo menos hasta que puedas encontrar algo mejor, y me ayudas con los tapetes de Arraiolos. Ahora que estoy aquí trabajando, lo tengo un poco abandonado. Cuando cojas un poco de experiencia puedes ganar dinero, pagan bien. Si me dices que sí, ahora mismo al llegar a casa lo hablo con mi marido y te puedes mudar mañana por la mañana. ¿Qué dices?

Estaba impactada por lo que le acababa de decir.

—¿Estás segura? —preguntó—. No es que tenga otra cosa, pero no quiero ser una molestia.

—Claro, ¿tú no lo harías por mí si estuviera en tu situación?

Esas palabras fueron muy reconfortantes, la abrazó.

—Muchas gracias.

—No se hable más, resuelto el problema —dijo Gina, que seguro que había tenido algo que ver en todo eso.

Al día siguiente se mudó al piso de Liliana. El marido era muy agradable y tenían dos hijos; el pequeño todavía era un bebé.

Sobreviviendo

Cuando la vida te castiga
una y otra vez, y sigue,
buscas desesperadamente
una sonrisa, una palabra de ánimo,
un «todo irá bien»,
estiras el brazo, abres la mano
y coges el aire que te sopla
y te recuerda que estás sola,
que solo te puedes abrazar a ti,
que no hay nadie más
y sola caminas
con una mano en la esperanza
y otra en el olvido.

Ya tenía tres meses de embarazo, todo iba bien, pero el tiempo pasaba y nadie la contrataba por estar embarazada. El dinero que sacaba con los tapetes la ayudaba para comprar comida para la casa y, como era la que no trabajaba, se encargaba de la limpieza, la cocina y, cuando hacía falta, cuidaba a los niños. Por lo menos podía ser útil y echar una mano a quien le abrió las puertas de su casa. Aun así, el tiempo pasaba y no encontraba otra salida. Pensaba que no estaba bien, era una pareja joven y no estaba bien que abusara de su bondad. Ellos también se daban cuenta de que estaba incómoda, pero nunca le dijeron nada.

Ese día, el marido de Liliana llegó tarde a casa y ella estaba preocupada. Entró por la puerta con un sobre en la mano; ellas estaban sentadas en la mesa, hablando y esperando para cenar. Los niños ya dormían.

—Este sobre es para ti —dijo. En su cara había una sonrisa sospechosa—. Ábrelo.

Lo miró. En el sobre ponía: «Te amo». Esa letra era ya conocida, se dirigió a la papelera de la cocina y lo tiró.

—No —dijo el marido—. Por favor, ábrelo y lee lo que pone, hoy fui a hablar con Juan de hombre a hombre y lo vi muy mal, tú míralo y luego decides.

—¿De hombre a hombre? —repitió ella. Abrió el sobre y dentro había un casete con su canción grabada y una carta. La leyó y se quedó mirando la carta como si estuviera en blanco.

—¿Qué dices? ¿Le perdonas? —dijo él.

María lo entendía, creía que estaba ayudando y no le podía decir nada por respeto y por lo que estaban haciendo por ella, pero todo lo que había leído no le decía nada. Liliana, al ver que no reaccionaba, le quitó la carta de la mano y la leyó.

—¿Perdona? ¿Qué lo perdone? ¿Y por qué tenía que hacerlo? —gritó Liliana, muy enfadada—. ¿Por ser un mentiroso? ¿Por haberla engañado? ¿Por la humillación? ¿Por haberse quedado sin trabajo, sin casa y sin estudios por su culpa? No estoy segura de por qué pide perdón. ¿Por querer que abortara el bebé o por haberla abandonado estando sola en la calle y embarazada? ¿De qué le tiene que perdonar? Dímelo, porque tengo dudas. ¿Le pide perdón y ya está? La vida es bella. —Estaba muy enfadada y le estaba gritando a su marido. María se sentía triste y culpable porque sus problemas les estaban perjudicando a ellos, y eso no podía permitirlo.

—Espera —dijo, mientras abría la puerta de la calle—. Vamos a dejar que hable una vez más, ¿no? Seguro que todo se aclarará —dijo muy convencido. Juan estaba ante la puerta, esperando, allí parado como si el tiempo no hubiera pasado.

—¿Puedes salir un momento y hablar, por favor? —le pidió, mirándola.

Se hizo un silencio, todos se miraban y nadie se atrevía a decir nada. Liliana se fue a la habitación, temía decir algo que empeorara la situación y su marido la siguió. Allí se quedaron solos, mirándose sin decir nada, o quizás no tenían nada más de qué hablar en ese momento.

—¿Puedes salir? —volvió a preguntar.

—¿De qué podríamos hablar? No tengo nada más que decir ni que escuchar de ti. Vuelve a tu mundo y déjame lidiar con el mío —le contestó.

Intentó entrar.

—No entres, nadie te invitó a entrar, así que regresa por donde viniste. —Iba a cerrar la puerta y salió el marido de Liliana.

—María, te lo pido por favor, verás, escucha lo que te va a decir, te lo digo yo, ¿confías en mí? —En ese momento no confiaba en nadie, pero lo que hizo ese matrimonio por ella era más valioso que toda la confianza que podría tener o no.

—Voy a confiar, lo voy a escuchar, pero ya sabes…

—Venga —la cortó.

Fue con él. No estaba dispuesta a perdonar nada, pero lo escucharía.

Al llegar abajo, estaba el coche aparcado enfrente. Entraron al coche y él lo arrancó.

—No vamos a ir a parte ninguna, hablamos aquí dentro del coche. Dime lo que viniste a decir y vete —dijo ella.

—Vale —le contestó Juan—. ¿Leíste la carta que te escribí?

La verdad es que la había leído, pero se le había borrado la memoria y no se acordaba de lo que ponía. Solo se acordaba de Liliana gritando: «¿Qué le perdone?»

—Haz el favor de empezar a hablar; si no, me voy. Olvídate de la carta, dímelo a la cara.

—Quiero pedirte perdón por todo.

—¿Por todo? ¿El qué?

—Ya sabes —insistió él.

—No, no lo sé. Dímelo tú. —Ella estaba muy nerviosa, había bajado con él por el respeto a esa casa y al matrimonio; en verdad no quería escucharlo, pero lo que estaba diciendo no tenía sentido.

—¿Puedes calmarte? —le pidió él—. Si no te calmas, no puedo hablar.

—Habla ya.

—Estoy pasándolo muy mal, tengo muchos problemas, no puedo pensar con nitidez, entiende.

—¿Qué me tenías que decir? —Se hizo un silencio—. Tú crees que a mí me importa lo que estás pasando cuando tengo que luchar sola, sin trabajo, sin dinero y con un bebé en el vientre que también es tuyo. Sí, tuyo, ¿o estaba yo allí sola? Fue muy fácil sacarse todo de encima, ¿verdad? Lo has hecho y yo lo he aceptado. No te he pedido nada más. ¿Y ahora me vienes a decir que estás fatal? ¿Estás mal, por qué? ¿Tienes hambre? ¿Vives en la calle? ¿O te molesta el embarazo? Eres el único de los dos que está bien. Pues sigue así, de verdad. Solo quiero poder cuidar a este bebé.

—Yo quiero estar contigo —dijo de golpe.

—¿Quieres estar conmigo? ¿Y cómo lo hacemos?

—No me has entendido —insistió él—. Contigo y con el bebé. —Siguió posando la mano sobre su vientre.

Ella lo miró. Hubiera querido escuchar esas palabras desde el momento en que supo que estaba embarazada. Por un momento dudó si lo había escuchado bien o si era su mente jugándole una mala pasada.

—¿Qué has dicho? —preguntó.

—Lo que has escuchado. Quiero estar contigo, ver nacer a este bebé, criarlo contigo y, si puede ser, nos casamos.

No quería ser optimista, pero en ese momento algo en ella volvió a la vida.

—Juan, escucha, no necesitas casarte conmigo si no lo deseas, solo me gustaría que me ayudaras mientras nace. Luego yo ya me defenderé sola, no quiero obligarte a cargar con nada más, solo que me ayudes estos meses. Después, si decides quedarte, bien, al final es tuyo también y yo no te lo voy a negar —dijo ella antes de que volviera a ilusionarse y volviera a perder.

—Te digo que quiero estar con vosotras, con las dos, cuidarlas y mimarlas a las dos. —Parecía conveniente, pero ella ya no era la misma, nada era igual. Seguía amándolo con toda su alma, pero todo eso había pasado a un segundo plano.

—¿Qué habías pensado? —preguntó María, para poder avanzar en el tema.

—He tenido que dejar la casa porque era demasiado gasto y estoy viviendo con mi madre —dijo—. Así que tengo que buscar algo que esté más a mi alcance para los dos. Luego, cuando nazca el bebé, espero ya tener el divorcio, nos casamos y buscamos algo más grande. ¿Qué te parece?

—Si realmente es lo que quieres, me haces muy feliz, no pido más —confesó ella. En realidad, solo quería que su bebé tuviera un padre que estuviera, que tuviera un techo. No estaba totalmente segura de todas esas palabras bonitas, pero por lo menos hasta que naciera tenía que olvidar todo y aceptar lo que en ese momento le estaba prometiendo.

—Entonces, ¿estás de acuerdo? —preguntó él.

—Sí —contestó.

—¿Me has perdonado entonces?

—No me queda otra.

Él le cogió las manos y las besó.

—Gracias, amor —musitó, aliviado—. Te acompaño arriba y a partir de mañana empiezo a buscar casa, ¿vale?

—Vale —contestó, abriendo la puerta del coche.

—Espera —dijo, agarrándola del brazo—. ¿Podrías darme un beso?

—Podría, pero no lo voy a hacer.

Juan salió del coche rápido y le abrió la puerta para que ella bajara. La arrinconó contra el coche. María se quedó sin aliento entre su cuerpo y el coche. Cuando iba a hablar, él le tapó la boca con sus labios. No quería que ese beso terminara, tenía miedo cada vez que él le daba la espalda. Las dudas la torturaban, susurrándole al oído que no iba a volver. Le entró pánico en ese momento y lo apartó.

—No me dejas respirar, ¿o se te olvida que entre los dos hay alguien más?

Él la levantó y la sentó sobre el capó del coche. La besó en la frente y luego le besó el vientre. Eso fue lo máximo que le podía regalar en ese momento. Ella lo abrazó y, muy bajito, le susurró:

—No me vas a abandonar de nuevo, ¿verdad?

—Nunca —contestó él, y la volvió a besar—. Amor, te acompaño arriba, que seguro que están preocupados por nosotros. Si seguimos aquí un minuto más, te llevo a casa de mi madre —dijo riéndose.

—Ni de broma —le contestó, asustada.

Habían pasado tres días y, de nuevo, se empezaba a quebrar la ilusión. No quería creerlo, pero cuando amas a alguien de verdad, te expones quizás demasiado, y sus palabras las había recibido como agua de mayo.

Se sentía cada día más apagada, tenía de nuevo el pecho oprimido y cualquier ruido le hacía saltar. Pasaba los días mirando la ventana que daba al aparcamiento; era una agonía que crecía por minutos.

Estaban sentadas esperando para cenar, como cualquier otro día, y sonó el timbre.

—Se habrá olvidado las llaves —dijo Liliana.

María se levantó y fue a abrir la puerta, y sí, era el marido de Liliana, pero venía con él.

Le flaquearon las piernas y casi se cae si no la hubieran agarrado. Bajo sus pies se abrió un inmenso agujero y se sentía caer por él. Estaban todos asustados. Ya tenía barriga, desde los tres meses se le empezó a notar. En ese cuerpecito delgado y frágil se gestaba una vida que quería hacerse notar desde muy temprano. Le decían que era una embarazada muy elegante y ella se reía. La verdad es que, con la constante agonía que vivía a diario, no había podido coger peso. Le faltaba poco tiempo para el siguiente control de embarazo y quería y se esforzaba por comer, pero su estómago siempre estaba encogido y no podía. Cada día que se levantaba de la cama pedía a Dios que mejorara, pero no fue así. Tenía que seguir y pensaba: «Mañana comeré mejor, tengo que subir mi peso y el del bebé». Cada día decía lo mismo y los días pasaban.

—Amor, ¿estás mejor? —Escuchó su voz y poco a poco se fue recuperando.

—Sí, lo estaré, no te preocupes, pero por favor, dame buenas noticias, necesito salir de esta agonía, no sé si podré resistir esto por mucho más tiempo.

Él bajó la cabeza y se quedó callado. María lo miraba como esperando una palabra de aliento que nunca salió.

—Perdona, pequeña, no he encontrado nada, sigo buscando —contestó.

Ella ya no quería escuchar nada más, el cuerpo, el espíritu ya no tenían fuerzas para nada, y la esperanza se fue sin ni siquiera decir nada. Estaba una vez más triste y sin esperanza, y se quedó callada mirando la ventana.

—No te pongas así, lo encontraré, pero no es fácil —siguió él—. Te voy a proponer algo para el momento, yo estaría más tranquilo si estuvieras con tu familia mientras encuentro algo. Te prometo que los fines de semana los voy a pasar contigo o nos vamos a algún sitio para estar juntos. Solo es temporal, amor, ¿qué te parece? ¿Hablas con tu madre?

Después de tiempo sin poder derramar una lágrima, de repente empezaron a salir sin parar. Lloraba desconsoladamente, casi no podía respirar, no podía frenar ese llanto, la impotencia la estaba devorando.

—Por favor, no llores —le suplicó, cogiéndole las manos—. Yo no me voy a ir, estaré contigo.

Lo miraba, pero no podía decir una palabra; el llanto la sofocaba. Él la abrazó para calmarla. Esos mismos brazos que siempre la calmaban en ese momento solo eran un soporte. Lloró hasta que no tenía ya fuerzas y se quedó dormida contra su pecho.

Al despertar, él estaba allí a su lado, se había quedado dormido también. María lo miraba intentando pensar. ¿Cómo saber si sería como él decía? ¿Cómo saberlo? ¿Acaso debería pensar que esta vez tenía que creer o quería creerlo porque no tenía más opciones?

Él abrió los ojos, se dio cuenta de que ella lo estaba mirando y le sonrió.

—¿Cómo estás, amor? ¿Mejor? Ven aquí. —La puso de nuevo sobre su pecho—. Salimos a dar una vuelta y seguimos hablando, no quiero molestar más a tus amigos.

Asintió con la cabeza, se puso un chándal. Juan se disculpó con ellos y salieron.

—¿Quieres tomar algo o vamos al monte? —le preguntó él.

—Vamos al monte, no tengo ganas de estar con gente.

—Vale, pero te voy a coger algo de comer. Me dijo Gina el otro día que casi no comías. No hagas eso, estás muy débil y estás embarazada, tienes que comer.

Quería gritarle por qué no podía comer, cómo tanta agonía le quitaba las ganas de todo, y no podía ni oler la comida, todo le parecía oler mal. Liliana siempre insistía a cada momento: «Yo, cuando estaba embarazada, comía hasta las cáscaras de naranja, engordé veinte kilos». Se imaginaba que cada mujer es diferente y no todas tienen que engordar así, pero el médico insistió en que tenía que comer, así que lo intentaba, pero la mayoría de las veces comía un par de bocados y no podía seguir.

Así que se encogió de hombros. Lo intentaría.

—Te cogí un *croissant* y un batido de chocolate.

Se lo aceptó, pero miraba la comida y sentía tal opresión en el estómago que no podía hacerlo. Puso la comida en el apoyabrazos.

—No puedo, estoy muy nerviosa, hablemos. Despúes lo volveré a intentar.

—De acuerdo, pero tómate el batido —le dijo poniéndolo en su boca. Ella dio un sorbo.

—Vamos a hacerlo.

—¿Qué vamos a hacer? —contestó.

—Voy a hablar con mi madre —le explicó levantando las manos como diciendo «no hay otra».

Había llegado a la conclusión de que no estaba segura de las palabras y las promesas que él le hacía. Por lo menos y a pesar de todo, tendría un techo y comida para poder pasar el embarazo; lo demás lo iría superando cada día. Pero este pensamiento no se lo compartiría, ya que podría haber una posibilidad de que hiciera lo prometido.

—Yo creo que es lo mejor. Seguiré buscando. Verás que antes de que nazca nuestro bebé ya estaremos juntos.

Ella lo miró. Se veía feliz con lo que acababa de decir. ¿Qué más podría hacer? Le colocó la mano sobre su vientre y luego el oído.

—¿Ya se mueve? —preguntó.

—De momento no siento que lo haga.

—¿Cuándo tienes el siguiente control?

—A los seis meses.

—Me gustaría acompañarte.

—Claro, si tú quieres —le contestó. En esos momentos lo que más le hacía feliz era cuando él se interesaba por su bebé; solo eso necesitaba para recuperar el aliento.

—Me gustaría ver la ecografía. ¿Tú qué crees que va a ser?

—No lo había pensado. Siempre pensé que el primero sería un niño, el hombre de la casa. Quiero que sea buena persona y que estudie, que sea alguien con un nombre en esta vida.

—Si quieres un niño, pues así será, tú mandas —sentenció él para aliviar un poco la atmósfera pesada que había.

Al día siguiente, María habló por teléfono con la madre, le explicó la situación en que se encontraba y, sin más, esta le dijo:

—Vale, voy a hablar con tu padre y puedes llamar mañana para saber la respuesta.

Un paso atrás

Por ti dejé de ser yo,
por darte me quedé sin nada
y ahora no soy ni tengo,
te busco en mi soledad;
solo veo migajas,
las que fueron tu amor,
me diste la mano
para después soltarla.
Fuiste la justicia más injusta
pero también el mal más dulce,
el olvido más recordado.
Te dejé ir pero sin soltarte
y ahora eres un medio recuerdo
que sigo intentando olvidar.

Ese viernes Juan la llevó de vuelta a la casa de sus padres. Cada momento que se acercaba era como si algo apretara su pecho, pero ella no dijo nada. Tenía que hacerlo, serían cuatro o cinco meses. Una vez pudiera, encontraría un trabajo, en caso de que Juan le fallara. Siempre tenía eso en el pensamiento desde el día que se enteró de que era casado. No decía nada porque, en el estado en que estaba, tenía que pensar lo mejor para su bebé, pero siempre hacía planes por si él no estuviera. Juan parecía una persona diferente cuando estaban juntos, pero después era muy infantil y se agarraba a tonterías y cosas sin importancia.

Habían quedado en casa de su prima Julia, y ahí estaba su madre esperándolos. Como si nada hubiera pasado, hablaron y tomaron café. A su madre le había caído bien Juan y entre ellos hablaban.

Pasaron el fin de semana juntos y en familia. El ambiente era raro para todos, pero cada uno fue saliendo como podía.

El sábado por la noche, estaba colocando sus cosas en el armario y él se había tirado en la cama mirándola. Era la primera vez que la veía en pijama. Le quedaba pequeño y le salía un poco la tripita, eso le provocó una carcajada.

—¿De qué te ríes? —preguntó María.

—Me encanta cómo te queda el pijama con la barriguita fuera —dijo riendo—. Eres preciosa, ahora embarazada te veo más hermosa. No puedo dejar de abrazarte, quisiera tenerte cerca todo momento.

Hermosas palabras que escuchaba. Palabras que le quedaron grabadas en el alma una por una. Hasta cuando estaban con gente, él siempre la tenía agarrada o la sentaba en sus piernas. Julia le decía que María parecía una muñeca que él movía de lado a lado a su antojo, para tenerla siempre cerca y poder abrazarla. Lo decía porque ella, junto a él, parecía todavía más pequeña debido a su estatura. Directamente, la cogía en brazos y la sentaba a su lado o en sus piernas.

Se había pasado el fin de semana rápidamente y, después de comer, él se tenía que ir. Mientras ponía la mesa para comer, lo miraba sentado fuera hablando animadamente con su hermano, y ya empezaba la agonía de pensar que él se iría.

Mientras estaba a su lado no pensaba ni dónde estaba; su presencia la mantenía segura y la tranquilizaba. Pero cuando se levantó de la mesa, el miedo se apoderó de ella. Intentando ser fuerte, lo veía ponerse la chaqueta y quería abrazarlo y no dejarlo ir, pero tenía que ser fuerte. Cogidos de la mano, se encaminaron hacia el coche en silencio. Él abrió la puerta para entrar.

—Amor, suéltame la mano o no podré irme.

Estaba tan absorta en sus pensamientos y el miedo de que no volviera era tan horrible que, sin darse cuenta, se aferró a su mano.

—Pensé que te la querías quedar —se burló él—. Si tengo algo te llamo. Si no, el viernes vuelvo. Quiero que estés tranquila y, por favor, come. Ahora tienes que comer por dos —le recordó tocándole la tripa.

—Vale.

La abrazó, le dio un beso, se metió en el coche y se fue levantando la mano para decir adiós. Ella lo estuvo mirando hasta que dejó de ver el coche. Se sentó en la escalera de la entrada y se quedó allí sentada un largo rato, mientras intentaba dominar la lluvia de pensamientos que le inundaba la mente. Estaba empezando a vivir con la incertidumbre que él le causaba. Cada vez que le daba la espalda le asaltaba la agonía de que no volvería.

Ya se había ido, ¿y ahora qué pasaría? ¿Volvería? Se dio cuenta de que tenía compañía. Lazy se había sentado a su lado y gemía como para llamar la atención. Su fiel amiga, su compañera en tantos momentos difíciles. La abrazó.

—Por lo menos te tengo a ti, tú nunca me fallas.

Intentó hacer cosas para mantenerse ocupada, pero las noches eran terriblemente largas. El miércoles, Juan le llamó por teléfono.

—¿Cómo estás, pequeña?

—Bien —contestó, no quería agobiarlo a él también y no dijo nada más.

—¿Estás comiendo bien?

—Claro.

—Cuida bien a mi bebé, cuando vaya le voy a preguntar si su madre se portó bien. —Se rieron—. Liliana me dijo que se te habían olvidado unas cosas, mañana paso a por ellas y el viernes las llevo.

—Dile que en la mesilla de noche hay una carpeta rosa, que me la mande también.

—Vale, ¿necesitas algo más?

—Sí, a ti. —Se hizo un silencio.

—Vale, amor, el viernes por la tarde, en cuanto salga de trabajar, salgo para ahí. Sobre las 20 horas llegaré. Sabes que te amo y… —Se calló un rato—. No puedo vivir sin ti, como dice nuestra canción.

—Adiós, hasta el viernes. —Él sabía cómo tranquilizarla y era eficiente.

El viernes, cuando llegó, ella lo notó nervioso, se preguntaba qué le habría pasado, pero esperó a estar a solas con él. Al terminar de cenar, le dijo que quería dar una vuelta en coche. Cuando aparcó, le preguntó:

—¿Por qué querías la carpeta rosa?

—Sabes que me gusta escribir, y en esa carpeta lo hago. Tengo muchas cosas; si quieres, puedes leerlo.

—¿Y esto? —Cogió la carpeta y de dentro sacó una hoja suelta y se la dio. Ella quedó sorprendida, ya que nunca rompería una hoja de esa libreta. La abrió y era una especie de rezo esotérico con sus nombres.

—No sé qué es. No es mío.

—¿Estaba dentro de tu libreta y no es tuyo?

—No, nunca había visto tal cosa. Será de Liliana. Sabes que no me gustan esas cosas y que no creo en esas tonterías. ¿No ves que no es mi letra?

—Pues yo creo que me haces brujería, me lo ha dicho mi madre.

—¿Cómo? ¿No me conoces? ¿Cuántas veces hemos hablado del tema? No creo en eso, ¿por qué lo tendría? Mañana llamamos a Liliana y verás como tiene una explicación. Nunca te he pedido nada, pero si crees que tu madre tiene razón, ahí tienes la carretera. Yo necesito apoyo, no a una persona que no confía en mí y solo me aporta más inseguridad.

—Tienes razón, perdóname. Mi madre siempre busca una manera de desequilibrar mi cabeza.

—Y tú la mía —le dijo. No necesitaba más tormento y enredos, tenía ya más de lo que podría aguantar.

—También me dijo que te habían visto con un hombre muy cariñoso, los dos, el uno con el otro, y que a lo mejor el bebé no era mío. Que sacó una foto, pero al verla, el hombre no sale, solo te ves tú por la brujería.

Se hizo un silencio prolongado, ella salió del coche porque se estaba sintiendo asfixiada. Él fue detrás de ella.

—Juan, contesta a algo. —Él se paró delante de ella—. ¿Te he obligado a algo? Solo te comuniqué mi estado. ¿Te obligué a acostarte conmigo? ¿Tienes dudas? Bien, vale.

No sabía qué decirle ya. ¿Por qué tendría que estar allí dándole explicaciones? ¿Acaso no la conocía? Le decían tonterías sin sentido, o el miedo se estaba apoderando de él.

—No voy a decir nada más. Si quieres, quédate; si no, vete y no vuelvas. Cuando nazca el bebé te aviso. Puedes hacer lo que quieras. —Le soltó y empezó a andar.

Él se quedó allí parado, viendo cómo ella se alejaba a pasos largos. Un par de horas después tocaron la puerta y allí estaba él con la cara desencajada. Entró y se fue directamente a la habitación. Ella lo siguió para que no se dieran cuenta de que habían discutido. Se había quitado la ropa y se metió en la cama. María se acostó también, girada hacia el otro lado. Sentía cómo él respiraba hondo y se movía de un lado a otro. Pero no podía olvidar lo que le dijo. Solo eran tonterías sin sentido. ¿Cómo podía creer en eso y dudar de ella? Sintió que se acercaba y se agarró a la manta para que no le tocara. Juan la agarró y la arrastró hacia él, María intentaba liberarse pero él tenía más fuerza. Tenía sus labios rozando los suyos y bajito le dijo:

—Llamé a Liliana. —Eso la molestó todavía más.

—No me importa —le dijo. ¿Cómo se había atrevido a hacer tal cosa? O confiaba o no ¿Acaso necesitaba de testigos para creerla?

—Me dijo que el papel se lo había dado su madre y te lo puso en el libro ella.

—Ya te dije que no me importa. ¿Alguna vez me cogiste en una mentira?

—No, amor, perdóname. Mi madre me vuelve loco, pero es mi madre, no tiene a nadie más.

—Lo que tú digas. Déjame, que quiero dormir.

—¿Estás cansada? —dijo apartando el cabello.

—Sí, Juan, estoy cansada, muy cansada, de verdad. Cansada de la vida, cansada de ti y de tus arrebatos, cansada de no poder vivir en paz… —Él la paró con un beso. Por más que luchó, no pudo librarse.

—Te entiendo, amor. Perdóname —se disculpó él.

—Necesito tu apoyo, no que tengas razones para pedirme perdón a cada momento. Ya todo es lo bastante difícil para mí. No te pido ni que te quedes, solo quiero tu apoyo en esto —le dijo ella, ya arrastrando las palabras.

—Amor, no digas eso. Yo quiero estar contigo, no solo apoyarte. Quiero estar a vuestro lado. —Tenía lágrimas en los ojos—. Te pediré perdón las veces que haga falta, pero quiero estar contigo.

Ella cerró los ojos y se quedó sobre su pecho, sintiendo su respiración. Se quedó dormida.

Al día siguiente, la invitó a desayunar fuera y fueron a pasear hasta la hora de la comida.

Ese día no se le borró de la mente nunca. Hicieron una barbacoa porque a él le gustaba mucho, y la familia de ella lo consentía siempre que podían. La dejó en la puerta y le dijo que se había quedado sin tabaco, que tenía que ir rapidito a comprar. Y se fue.

Ese día se pararon las horas buscándolo por todas partes. Sus hermanos, sus primos y ella misma no podían ni pensar que pudiera pasarle algo. Eran ya las 22 horas y nadie sabía nada de él. El desespero era abrumador. Hasta su padre se había desplazado al cuartel, por si había noticia de algún accidente. Pero no encontraron nada ni en los hospitales ni en las carreteras; estaba todo despejado. Al escuchar eso, ya no pudo resistir más y su cuerpo se rindió, cayendo al suelo.

Su hermano la metió en el coche y la llevó al hospital. Fue una noche difícil. Cuando despertó, tuvo una crisis de ansiedad y tuvieron que controlarla con medicamentos. Estaba demasiado descontrolada y tuvieron que sedarla a pesar del embarazo.

El médico llamó al hermano para firmar una autorización por si pasaba algo con el bebé pudieran intervenir. Fue una noche larga, la mantuvieron sedada debido a su estado de nervios. Por la mañana, el médico le dijo que se encontraba estable y estaban esperando al ginecólogo para que la examinara. Si todo estaba bien, le quitarían la medicina.

Ya en casa se sentía perdida, como si el camino tras sus pies se hubiera borrado. No sabía qué hacer ni cómo seguir. Tocó su barriga y sintió que su bebé se movía. Se levantó de la cama como si ese bebé la empujara a hacerlo.

—¿Qué hago? —se preguntó a sí misma. «He derribado muchas barreras yo sola, esta es solo una más. Lo haré por mi bebé», pensó mientras acariciaba la barriga—. Perdóname si no lo consigo, pero no dejaré de luchar.

Fue la primera promesa que hizo a su hijo.

En esa casa y en ese estado nada era fácil. María siguió cumpliendo con su rutina: la limpieza, la colada, la comida, etc. Por las tardes, siempre que podía, cogía al perro y salía a pasear por el campo. Eran los únicos momentos en que podía relajarse, y, como una niña, hablaba con el fiel compañero y con su bebé. Les contaba que sería fuerte, que encontraría una salida a esa situación también, y muchas veces terminaba llorando por los recuerdos que una y otra vez insistían en perturbarla. Por las noches, se acostaba agarrada al jersey que él se había olvidado. Tenía su olor y así podía conciliar el sueño.

Estaba sentada en la chimenea, mirando el fuego, cuando ese hombre se sentó frente a ella. Mirando las llamas, se hundió en sus pensamientos y recuerdos, y las lágrimas caían una tras otra.

—Tienes que estar tranquila, no te preocupes, que yo siempre te voy a cuidar —le dijo cogiéndole la cara. Se acercó e intentó besarla.

Ella se puso furiosa. Nunca lo había enfrentado porque era una niña y tenía mucho miedo. Solo una mirada de ese hombre la horrorizaba. Pero ahora, aun siendo todavía esa niña herida, ya no le tenía miedo.

—Apártate de mí, ni te acerques o seré yo la que te mate a ti.

—¿Quién te va a querer más que yo? —siguió.

—No vuelvas a acercarte a mí, no me hables, ignórame mientras esté en esta casa. No te atrevas, ni lo pienses. Prefiero vivir en las calles o ir a la cárcel —le gritó. Él se fue y desde ese día no volvieron a cruzar ni una palabra.

Se había enfrentado a él y eso le daba un poco más de confianza en que se iba a comportar. Y así fue. Desde ese día, no volvió a dirigirle la palabra y ella intentaba no estar presente donde él estaba.

Llegó el día de la consulta. Estaba nerviosa. Tenía muchas ganas de ver al bebé y por fin saber el sexo. Se acordó de cuando Juan le dijo que quería estar también en la consulta. Una lágrima se le desprendió de los ojos. La secó y, decidida, empezó a vestirse.

—¿Por qué las personas mienten tanto? —se preguntaba—. Todo fue una gran mentira. Pero ¿y el bebé? ¿Él no pensará en eso? —Sacudió la cabeza para apartar cualquier pensamiento. No quería pensar en él. Se había ido, la abandonó sin más cuando ella solo le pedía su apoyo. Ni una llamada para preguntar si el bebé estaba bien, nada.

Su foto seguía marcando las páginas del libro. Lo abrió y la miró. Una gran tristeza se apoderó de ella. Como si el tiempo se hubiera congelado en ese momento, sujetaba la foto en la mano y la miraba casi a diario. Su sonrisa, que antes conseguía dibujar otra sonrisa en la cara de María, ahora solo le presionaba el pecho con una enorme tristeza. Esa tristeza que llegaba al alma, porque no solo la había abandonado a ella, sino también a su hijo. Un bebé inocente que nunca había pedido nacer pagaría por un abandono que dejaría un vacío también en su corazoncito.

Ese amor solo fue para él un desahogo de un matrimonio aburrido. Pero para ella había sido los mejores momentos de su vida, su primer amor. Y se juró a sí misma no volver a abrir el corazón a nadie más en lo que le quedara de vida. No solo porque había perdido por completo la confianza, sino porque él no le había dejado ni un pequeño espacio en su corazón. Le había arrancado el corazón de cuajo y el alma de tanto dolor.

El día que la dejó, ella enterró su corazón y su alma en él. Así escribió en su libro de anotaciones.

Esa era la única verdad en esta historia. Cada día miraba esa foto, le contaba cosas y le hacía reproches. A medida que el tiempo iba pasando, ya no había lágrimas, solo reproches callados. Miraba la foto y la volvía a colocar en el libro. Solo lo miraba como si eso fuera a cambiar algo. Quizás tenía todavía un hilo de esperanza, o quizás lo hacía por no olvidar su cara, tal vez para que él la recordara. Repasaba una y otra vez sus recuerdos, intentando buscar una justificación para lo sucedido. Podría haberle dicho que no podía y ya, pero se fue sin decir nada, y eso dejó una puerta abierta que ella jamás cerró.

¿Cuántos días, al escuchar pasar algún coche, corrió a la puerta? ¿Cuántas veces le preguntó a la vecina si habían llamado por teléfono? Muchas noches la invadía el miedo y lo buscaba desesperadamente a su lado, pero solo encontraba el enorme vacío que él dejó. Y cuando tenía dolores o se encontraba mal, buscaba ese abrazo que nunca llegó, una palabra de consuelo, un «todo va a ir bien».

En sueños lo veía con los brazos abiertos y una sonrisa. Corría así a él para depositarse en esos brazos que le quitaban todos los males y hacían que se relajara. Tenían el poder de curar heridas, pero eso nunca pasó, y despertaba con un inmenso desespero. También sufría las miradas acusadoras y los susurros malintencionados de los vecinos. Cada vez que salía de casa para hacer algún recado, sentía el peso de ser madre soltera.

Entró al centro médico donde tenía la consulta de control de embarazo. Sola y casi arrastrándose, se le hacía muy difícil tener que hacerlo todo sola, pero no tenía otra, y así tenía que ser. Miró alrededor y se sentó esperando su turno, mirando al suelo para que no le pesaran tanto las miradas. Al poco tiempo, la enfermera la llamó y entró.

—Siéntese —dijo el doctor sin levantar la vista de los papeles. Al rato levantó la mirada por encima de las gafas y preguntó—: ¿Cómo se siente?

María se encogió de hombros sin expresar ninguna palabra. El doctor la miró fijamente.

—¿Se siente mal? —volvió a preguntar.

—No, doctor, estoy bien —contestó sin levantar la mirada.

—No la veo muy bien. Bueno, pase a la camilla que la voy a examinar. ¿Viene sola? —preguntó como si no fuera lo más normal.

—Sí, doctor —contestó ella casi sin voz.

—¿Casada?

Esa palabra la acabó por derrotar y no sabía qué contestar. Estaba avergonzada y no pudo responder. Fue una bofetada en plena moral, y las lágrimas empezaron a caer una tras otra sin control. El médico se levantó. Se sentó en la silla a su lado.

—Tranquila. ¿Madre soltera, verdad?

Con cada palabra que decía, más se desgarraba el alma. No podía salir de ese llanto que llevaba encerrado en el pecho por meses.

—No la estoy juzgando. Solo soy su médico y tengo que hacerle estas preguntas —le dijo el doctor, pasándole un papel—. Venga, limpie esas lágrimas y mire lo que le voy a enseñar. Esto la va a alegrar.

Encendió la pantalla y se dirigió a María:

—Mire la pantalla y verá que se va a poner contenta.

Se secó las lágrimas como pudo y miró la pantalla. No entendía nada de lo que estaba viendo.

—Mire, esto es la cabeza —dijo apuntando con el dedo—. Estas, las manos. Está chupando el dedo del pie —comentó con una sonrisa—. ¿Quiere saber su sexo?

María no apartaba la mirada de la pantalla, ese era su bebé, con sus deditos, sus pies pequeñitos, era hermoso.

—¿Le digo el sexo del bebé? —volvió a preguntar.

—Sí, doctor, quiero saberlo —afirmó María, estaba maravillada de ver lo que llevaba en su vientre. Era prácticamente un milagro.

—Lo vamos a mover un poco, tiene el cordón entre las piernas. —El doctor movió el aparato en su barriga para moverlo un poco y poder verlo—. Ahora, es un niño —anunció. Las lágrimas se convirtieron en lágrimas de alegría, era una sensación única. Y le vinieron a la cabeza las palabras de Juan: «Será un niño, tú mandas».

Por primera vez se dio cuenta de la verdadera situación. Allí dentro había una criatura luchando con ella, su hijo, como ella decía siempre: «Quiero un niño para enseñarlo a ser un buen hombre». No sería tarea fácil, pero lucharía por ello. Esa imagen en la pantalla fue un antes y un después. Dejó de pensar en las mentiras, las excusas, los engaños y los abandonos. A partir de ese momento no había nadie más que ella y su hijo.

Por primera vez en meses, una sonrisa se le dibujó en la cara.

—¿Un niño, doctor? —preguntó para estar segura de lo escuchado.

—Sí, y está todo muy bien, las medidas son correctas, el peso un poco bajo pero dentro de lo normal. Le aconsejo que intente comer correctamente y no saltarse las comidas. El bebé tiene que coger un poco más de peso, ya que en los últimos meses es cuando están completos, pero tienen que crecer y los huesos necesitan crecer saludable y correctamente. Y usted también, ya que en general solo ha subido cuatro kilos en veintitrés semanas de embarazo, y eso no es correcto. Le voy a dar unas vitaminas que tiene que tomar por la mañana, eso va a ayudar al bebé, pero usted tiene que alimentarse mejor, ¿de acuerdo?

—Sí, doctor, voy a tener más cuidado.

—La voy a mandar a hacerse también una analítica para saber si tiene anemia o alguna otra cosa. No hace falta que venga por los resultados, una vez la haga, si veo algo, la llamo; si no lo hago, es que va bien.

—De acuerdo, doctor.

El médico fue muy serio pero correcto, se sintió mal al principio de la consulta, pero luego se relajó y estaba muy contenta con el resultado. Era un niño y estaba sano, ¿qué más podría pedir? Estos últimos meses intentó comer más, muchas veces sin resultado. Las noches seguían siendo largas y la tristeza la invadía por momentos. Esa tristeza ya se había hecho parte de su vida. Solo vivía por su bebé, no tenía más motivos y se volvió el centro de su vida. Le contaba de su padre, siempre le decía que él lo quería y que un día vendría a besarlo, le contaba historias de fábula y todas con final feliz. Cuando se iba a dormir, cogía el jersey de Juan que conservó en secreto para olerlo y sentirlo en los momentos malos. Acariciaba a su bebé en su vientre, la mayoría de las veces con lágrimas, pero aprovechando esa fuerza para seguir.

Le tejió botitas y jerséis de punto y una mantita amarilla. Fue lo único nuevo que tuvo su bebé al nacer, lo demás era de sus sobrinos que fue guardando y cuidando para que pareciera nuevo.

Esperaba un día tras otro que tal vez él volviera, las noches que no podía dormir se sentaba en las escaleras de la entrada mirando en la oscuridad. «Un día se dará cuenta y vendrá», se repetía a sí misma cada noche. Cuando ya no podía seguir por el frío o por cansancio, volvía a la habitación en silencio y regresaba el vacío, el llanto desesperado, la impotencia, y se agarraba a ese jersey que mantenía su olor, cerraba los ojos y se rendía. Se rendía a sus sentimientos, a ese gran amor que le había dado la vida y se la arrebató tan rápido. Muchas veces los sueños parecen realidad, soñaba que él estaba a su lado, le daba un beso en la nariz y, como siempre, le decía:

—A dormir, mi pequeña.

De nuevo sentía el estómago encogerse, le encantaba cuando le llamaba «mi pequeña», pero eran solo sueños que su imaginación producía para apaciguar su sufrimiento. Pero cuando despertaba y se daba cuenta de que no era real, que no se despertaría con un «buenos días, amor», empezaba otro día de tristeza. Acariciaba su vientre y le decía:

—Empieza otro día, mi bebé. Tu papá no está aquí contigo, pero él te quiere muchísimo, ya vendrá, no te preocupes.

Intentando consolar a su hijo, conservaba su propia esperanza.

Los días iban pasando sin piedad, había llegado a los ocho meses de embarazo. Aunque su cuerpo seguía demasiado delgado y frágil, su vientre había crecido mucho; ya le costaba mucho hacer algunas labores y estar de pie. Así que intentaba hacerlas poco a poco, despacio.

Un día, mientras hacía las camas, que era lo que más esfuerzo le costaba en ese momento, la madre se le acercó y le dijo que tenía que intentar hablar con Juan una vez más.

—Tienes que ir, mañana te compro el billete de autobús y vas a Évora, lo buscas y hablas con él. Seguro que al verte cambia de parecer.

—Mamá, no quiero ir, no le voy a rogar, ya lo sabes. Él sabe la situación en que me dejó y sabe cómo llegar, nadie lo ha atado para que no venga.

—Vas a ir. Mañana por la mañana voy a por el billete, y tú llama a Liliana para quedarte en su casa, descansas y al día siguiente te vuelves —le seguía diciendo la madre.

—Como digas, mamá, pero nada va a cambiar.

—Bueno, tú vas y ya se verá.

No la iba a convencer y no tenía fuerzas para pelear, así que al final se dejó convencer.

Bajó del autobús y se quedó parada pensando cómo iba a hacerlo, no tenía el coraje suficiente para presentarse delante de él, el miedo al rechazo era terrible y pensó: «Voy a llamar a Liliana. Busco una cabina y marco su número».

—Hola, ¿cómo estás? ¿Has llegado? ¿Ya hablaste con Juan? —soltó, de una sin pensarlo, también estaba nerviosa.

—Buenos días, Lili. Acabo de llegar, pero me he quedado en blanco, estoy muy nerviosa —le contestó—. No sé qué hacer.

—Tranquila, cariño, yo estoy en casa de mi madre, que está malita, no puedo ir, te espero en mi casa en una hora más o menos.

—¿Y qué hago, Lili? Quiero salir corriendo, no sé cómo hacerlo, me parece humillante.

—Humillante, nada —contestó Liliana enfadada—. Él tiene obligaciones con ese niño, al verte seguro que habla contigo. Puedes hacer una cosa, espéralo en la cafetería, él tiene que pasar por ahí, así no tendrás que ir a su trabajo, que seguro que te dirán que no está.

—Vale, es buena idea. Luego te llamo.

Subió la calle y se dirigió a la cafetería donde tantas veces se encontraron, parecía que el tiempo no había pasado, que nada había cambiado, y lo esperaba sentada tomando un café.

Todos los recuerdos la invadieron en un momento.

Al mirar alrededor, se dio cuenta de que el hombre que estaba sentado en la otra mesa, en frente de ella, la miraba insistentemente. Tenía una mirada muy fea, le estaba dando mucho miedo. ¿Sería un atracador que la vio bajarse del autobús y quería robarle? Giró un poco la silla e intentó mirar a otro lado. «¿Qué le pasa, no ve que estoy embarazada? ¿Y si me hace daño?», pensó. Ese hombre no dejaba de mirarla, le estaba dando mucho miedo. Se levantó de la silla y, apurando el paso, fue a llamar a Lili.

—Lili, tengo mucho miedo, hay un hombre que no para de mirarme, tengo mucho miedo. Tiene mala cara, como si quisiera hacerme algo.

—No me digas, ¿no lo conoces?

—No, nunca lo había visto, pero creo que tiene mala intención.

—No te arriesgues, coge un taxi y vente a casa de mi madre —le dijo Liliana.

—No puedo, no me llega el dinero.

—Pues baja la avenida por donde hay bares, no te quedes sola. Yo te espero en la redonda, abajo de casa.

—Vale.

Cuando colgó el teléfono, el hombre ya no estaba en la cafetería, pero cuando se giró para empezar a andar, allí estaba, en la esquina, mirándola descaradamente, apoyado en la pared.

Le temblaban las piernas, pero intentó andar como podía por la avenida abajo, como le dijo Liliana, por el lado donde había muchos bares y la calle estaba concurrida. Se giró, él la seguía sin esconderse, quería darle miedo y su mirada era amenazadora. Ya no podía más, las piernas no le respondían y los nervios hacían que no pudiera pensar, por lo que se bloqueó. Se dejó caer en un banco y se quedó sentada. El hombre se acercaba y el miedo la paralizó completamente.

—¿Tienes miedo? Todavía no sabes lo que es tener miedo —le dijo el hombre en voz baja, acercándose a ella—. O coges el próximo autobús de vuelta y no vuelves nunca más, o te voy a enseñar lo que es pasar miedo.

Estaba en estado de *shock*, encogida, intentando proteger su bebé por si la quería golpear.

—¿Has entendido? —preguntó.

María no podía hablar, solo lo miró. Tenía tanto miedo que toda ella temblaba. El hombre se volvió a apartar y se sentó delante de ella, al otro lado de la calle, esperando. Su mirada era aterradora. María estaba paralizada de miedo. Le costó mucho poder levantarse y caminar. Como pudo, caminó hasta la parada de autobuses, buscó plaza, y el hombre la siguió todo el tiempo hasta que, por fin, el autobús empezó a andar y dejó de verlo.

«¿Qué ha sido eso?», se preguntaba. Poco a poco, las pulsaciones se normalizaron y pudo pensar. ¿Quién era ese hombre? Nunca lo había visto, ¿y cómo sabía que iba a Évora? Todo era demasiado siniestro, más parecía una alucinación. Durante el trayecto del autobús, se hacía preguntas. De verdad que era surrealista. Había pasado mucho miedo, no solo por sí misma, sino por el bebé. Llegó a pensar que la iba a golpear, sin importarle que estuviera embarazada.

Ya de vuelta a casa, no sabía cómo explicaría para que la creyeran. Seguro que no lo harían.

Pensarían enseguida que habría sido Juan quien mandara a ese hombre a asustarla, pero ella estaba segura de que no era él, o quería creer que así era. No podía ser tan cruel como para organizar algo así. ¿Y si se hubiera negado a volver? ¿Le podría haber hecho daño? ¿O al bebé? «No lo creo», pensó, «seguro que es cosa de la familia».

Al entrar por la puerta, todos se asombraron de verla ya de vuelta.

—¿Qué pasó? —preguntó su madre—. ¿Has hablado con él?

Tomó un vaso de agua, estaba muy cansada del viaje, se quitó los zapatos y se sentó.

—Pues me pasó algo muy raro, de verdad no sé ni cómo explicar lo que ha pasado, acabo de salir de una película de gánsteres.

—¿Qué dices?

Les contó lo que había pasado desde que llegó hasta que tuvo que volver.

Igual que ella, todos quedaron sin palabras, nadie sabía qué decir. Por muchas preguntas que le hacían y ella contestaba, seguían todos igual de perdidos.

—Vamos a dejar aquí este tema —propuso María mientras se levantaba—. No necesito andar en estos líos, así que cuando tenga al bebé, empiezo a trabajar y no necesito a nadie. Me voy a descansar.

Y se fue a la habitación. Aunque no lo daba a entender, seguía asustada, muy cansada y le dolía el cuerpo del trote del autobús. Se dio una ducha rápida y se estiró en la cama mirando el techo, recordando cada momento. Qué difícil era pensar que el mismo hombre que la enamoró, la hizo sentir tan bien y protegida cuando la envolvió en sus brazos pudiera ser el mismo y hacer cosas tan terribles.

—Uff —soltó, porque el bebé empezó a moverse sin parar, causándole dolor. Puso las dos manos sobre el vientre para calmarlo.

—Tranquilo, ¿también estás nervioso? —le dijo—. Tu papá sería incapaz de hacerlo, a pesar de todo, él te quiere mucho.

Siempre que le hablaba, le decía cosas bonitas de él. Muchas veces le contaba historias, pensando que era mejor creer que su padre le quería, por lo menos hasta que fuera un poco mayor. «Quizás un día se daría cuenta del error y quisiera ser su padre», pensaba.

Llegó el día

Hoy es el día
en que el sol
empezó a entender su brillo
y la luna se llenó por verle.
Duerme, mi niña,
que las estrellas te velan
mientras los pájaros te cantan
su hermosa melodía.
Duerme mi bebé,
hoy es el día
que todo el universo
se reinventó por ver tus ojitos;
al abrirlos darás color a mi vida
y llenarás de ilusión mi vivir.

Esa noche no había podido dormir, sentía la barriga muy dura y tenía dolor de espalda. Intentó levantarse, pero le daba bastante trabajo, se sentía mal. Cuando por fin pudo ponerse de pie, el dolor se centró en la parte baja de la espalda.

—Mamá, me duele mucho la espalda y no me siento bien —le dijo a la madre, que estaba sentada desayunando.

—Bueno, ya sabes lo que dijo el médico, si no te pones de parto hasta mañana, tienes que ingresar. Ya cumpliste el tiempo, así que es eso.

Esas palabras la pusieron más nerviosa, le entró pánico al pensar en lo que iba a pasar. No había tenido tiempo de pensarlo y nadie le había dicho cómo sería. Lo único que sabía era que le dolía mucho. Intentó comer algo, pero apenas le dio un trago al café.

—¿Tienes el bolso preparado con todas las cosas que te hacen falta?

—Sí, está todo preparado.

—Pues come algo, que no sabes lo que va a tardar.

—No puedo comer, me duele.

—Tendrás que aguantar, acaba de empezar.

—¿Cuánto va a tardar?

—Vamos viendo.

Se levantó y de nuevo se fue a la cama. El dolor era cada vez más intenso, había momentos en los que parecía que se iba, pero de nuevo volvía. Pasó el día en la habitación intentando soportar el dolor. Miró el reloj, eran las 22 horas. Se levantó y notó que quedó toda mojada, de las piernas para abajo.

—¡Mamá! —gritó.

—¿Qué pasa? Vale, venga, voy a llamar a la ambulancia y nos vamos al hospital.

El balanceo de la ambulancia le provocaba más dolor. Cuando llegaron, entraron por urgencias, la cogieron con una silla de ruedas y la llevaron dentro. Solo escuchó a su madre decirle mientras le ponía la bolsa sobre las piernas:

—Yo no puedo entrar, me voy a casa. Ya cuando te den el alta, llama. —Y se fue.

«¿Cómo se va y me deja sola aquí? ¿Qué voy a hacer sola?», pensaba mientras su madre se alejaba.

La dejaron en una habitación, le cambiaron la ropa que traía por una bata y la examinaron.

—Todo va bien —dijo la enfermera—. Ahora toca esperar.

La miró sin contestar, tenía muchos dolores.

—Me duele mucho.

—Paciencia, acabas de empezar —le contestó la enfermera—. Cada media hora vengo a verte, si pasa algo, llama.

Era el 9 de junio, festivo local y con los sanitarios en huelga. Por los pasillos había mujeres sentadas en sillas o acostadas en camillas, acompañadas por sus parejas. Algunas gritaban, otras lloraban, y todo el revuelo la ponía más nerviosa. Al verse sola, la tristeza se apoderó de ella. Pero el dolor ocupaba todo su tiempo. Vino la enfermera a revisar de nuevo.

—Casi está —anunció—. En diez minutos vuelvo. ¿Estás sola? Tu marido puede estar contigo aquí si quiere.

Asintió con la cabeza. Ya estaba cansada de que le preguntaran siempre lo mismo.

—No hay marido —contestó.

—¿Es el primero?

—Sí.

—Te estás portando como una campeona —la consoló dándole una palmada en el brazo—. Ahora vuelvo.

El dolor ya era casi insoportable y los gritos de las mujeres del pasillo la ponían más nerviosa. Agarrada de la sábana, la retorcía para no gritar cada vez que le venía el dolor, que ya casi era constante.

Por la puerta asomó la enfermera con otra más y una camilla.

—María, nos vamos, te toca, campeona.

—Mejor atienda a la mujer que grita, le duele más que a mí, yo puedo aguantar un poco más.

No sabía si era generosidad o el miedo de lo que podría pasar.

—¿Ves como eres una campeona? Esto no va así, tú ya tienes la dilatación, el bebé quiere salir. Ella hace mucho ruido, pero todavía le queda un rato y lleva con este cuatro niños —le dijo mientras se reían entre las dos.

Estaba muy asustada, pero el dolor era insoportable y ya le daba igual, solo quería que ese momento pasara lo antes posible.

Por fin, a las 15 horas del día siguiente, nació. Fue un poco difícil, lo había pasado muy mal. En el cuerpo ya no tenía una pizca de fuerza, no podía ni mantener los ojos abiertos, así que la pasaron a la cama. Se quedó dormida del cansancio, habían sido muchas horas, así que se rindió. Lo último que escuchó fue el llanto del bebé.

—Señora, despierte, hay que alimentar a la niña —escuchó de lejos. Mal podía abrir los ojos cuando sintió algo sobre su pecho. Abrió los ojos, era su bebé. Se le dibujó una gran sonrisa, sus ojos no podían dejar de mirarlo.

—¿Qué hago? —preguntó.

La enfermera colocó al bebé para que pudiera coger el pecho y así fue, se agarró y amamantó muy fuerte, como aferrándose a la vida.

—Ves como ella sola lo hace, esta niña tiene carácter. —Sonrió.

Solo podía mirarla mientras chupaba, y a veces se le escapaba el pezón, y lo volvía a coger con fuerza.

—¿Por qué está así? —preguntó María.

—¿Así cómo? ¿De ese color? Es porque ha trabajado mucho para nacer. Cuando la cambies verás que tiene una marca oscura en la espalda. Es que estaba sujeta a la placenta y, al sacarla, se hizo una herida, pero ya te lo explicará el médico. Eso es normal, no te preocupes.

Se había quedado dormida con el pezón en la boca. Tenía la carita redonda, los ojos grandes, aunque como estaba dormida no se apreciaba el color. Tenía mucho pelo y negro. Su piel estaba oscurecida, pero se veía tan bonita. Estaba claro que se parecía a su padre. Había nacido su hija y él no estaba. Se le apretó el corazón y sintió un frío en el estómago.

—No te preocupes, mi niña, el día que te vea, su corazón se derrite —le dijo acariciando su frente.

—¿Terminó de comer? —preguntó la enfermera—. ¿Quieres que la lleve o la dejo aquí en la cuna junto a ti? Deberías descansar un poco.

—¿Puedo tenerla conmigo?

—Sí, claro —contestó la enfermera—. ¿Sabes qué nombre le vas a poner? Tengo que ponerlo en los papeles.

—Pues no lo sé, pensábamos que era un niño.

—Piénsalo. En treinta minutos vuelvo y me lo dices.

No sabía, intentaba relacionar un nombre con su cara, pero no le salía ninguno. Se acordó de que Juan le decía, pensando que era un niño, que le gustaba Alejandro, y en ese momento le surgió que se podría llamar Alexandra. Repitió varias veces el nombre en su cabeza y le gustó, así que se llamaría Alexandra. En Portugal se llevaba poner dos nombres, pensó en otro que le quedara bien.

—Alexandra —dijo en voz alta para ver cómo sonaba—. Me encanta, ya está, te llamarás Alexandra —le dijo a la niña, que seguía dormida acurrucada a su lado.

—¿Ya lo tiene? —preguntó la enfermera, que entraba por la puerta con papeles en la mano.

—Sí, se llamará Alexandra.

—Qué suerte —dijo mirando a la niña—. Tienes nombre de guerrera. Me tiene que firmar estos papeles y rellenar con el nombre y apellidos del padre. —Le pasó los papeles y un bolígrafo.

—¿El nombre del padre? La niña llevará solo mi apellido.

—Sí, claro, es el procedimiento.

—¿Qué procedimiento? —preguntó, ya que no entendía lo que estaba firmando.

—Los niños que nacen de madre soltera tenemos que enviar al juzgado los informes con el nombre del posible padre, ya que no ha estado presente para firmar la paternidad de la niña. Así que será citado por el juez para, junto con la niña, hacer un test de paternidad. Y si es positivo, es obligado a darle el apellido y el sustento.

—¿Tengo que hacerlo así? A lo mejor no quiere —dijo María bajando la mirada. Sentía tanta vergüenza que no podía creer que tuviera que hacer todo eso.

—¿Puedo darle solo mi apellido? No hace falta que lo obliguen a darle un apellido, ¿para qué lo quiere?

—No, cariño, así no se puede. La ley es la ley y esto no se trata de ti, sino de cumplir los reglamentos.

—Pero yo no quiero que le dé mantenimiento a la niña, no quiero nada. Así que, ¿para qué quiere el apellido de él?

—Da igual, hay que hacerlo así, no hay otra opción. La ley exige que lo hagamos. Hay mujeres que tienen dudas y tienen que presentar el nombre de todos los hombres con los que tuvieron relaciones en la fecha de la concepción. Así que considérate afortunada de tener uno solo, porque en el día del test es muy embarazoso ver una fila de hombres entrar para hacerse la prueba —dijo sin poder evitar una sonrisa.

Por qué todo seguía complicándose, ya estaba harta de peleas y de sufrir, quería salir del hospital para empezar a ordenar su vida y poder darle una buena vida a esa niña inocente. Prefería seguir contando historias bonitas de su papá a que lo conociera y la despreciara.

Volvió a sentir esa ansiedad que pensaba haber dejado atrás, no le parecía justo para un bebé tener un padre por obligación. Cuando no se quiere, no se quiere, ¿por qué la madre no podía darle su apellido y evitar todo aquello? Ahora se le presentaba otra batalla más que seguro que traería problemas y la veía tan innecesaria. Pero no podía evitarlo, era obligatorio y, quisiera ella o no, era el juez el que hacía el procedimiento.

Esa noche no podía dormir, entre las imágenes del parto que le volvían una y otra vez a la memoria y lo del apellido le volvió a abrir viejas heridas, no quería volver a verlo, cada vez que pensaba en él el corazón todavía buscaba razones y esperanzas.

Por la mañana despertó con el lloro de la niña, se acababa de dar cuenta de que no había despertado en toda la noche para comer. Miró el reloj, eran las 6 horas. Corrió a levantarse para darle de comer.

Al lado había otra mujer con un bebé.

—Tranquila, no pasa nada que llore un poco, antes vete al baño y aséate, luego la cambias y ya después come. Seguro que es el primero, ¿no?

—Sí, es una niña —dijo muy orgullosa, se dio cuenta de que al nombrar a su hija le daba un aire de orgullo, algo raro en ella.

—El mío es un niño y es el segundo. Se llama Raúl. ¿Y la tuya?

—Alexandra.

Le hizo caso a la compañera de cuarto, ya que ella no sabía por dónde empezar. Se dirigió al baño para asearse. Le cambió el pañal a Alexandra y le dio de comer.

—No ha despertado en toda la noche para comer —dijo María.

—Qué suerte tienes, el mío no deja la teta. —Levantó la manta y allí estaba, era tan pequeño agarrado al pezón con los ojos cerrados, las dos se rieron—. Pero no te preocupes, es normal, si duerme es que no tiene hambre.

—En un rato vienen las visitas —dijo ella, con la cara muy alegre.

María pensó que vendría la madre o alguna de sus primas, pero no fue así, no la visitó nadie, mientras que la compañera de cuarto tenía la compañía de su marido acompañado de un gran ramo de flores, su madre y padre y su hermano pequeño. Todos entre risas y arrumacos al bebé. La chica de vez en cuando le decía algo, como queriendo suplir ese vacío que sentía María en ese momento. Estaba tan acostumbrada a estar sola que sentía que ese momento era solo uno más, pero le dolía al ver al padre del niño cogerlo en brazos y cubrirlo de besos, era el cuadro más bonito que había visto nunca. Sin darse cuenta las lágrimas se soltaron por sus mejillas. Miró a su hija, que seguía comiendo con sus ojos abiertos mirándola, no lo podría olvidar jamás, por castigo de la vida tal vez su hija tenía esos mismos ojos que a ella le habían arrebatado el corazón.

La besó en la frente.

—Tranquila, nos tenemos la una a la otra, ya nunca más estaremos solas —le dijo bajito.

Por la tarde vino una enfermera a anunciar que al día siguiente por la mañana le darían el alta.

—Deja todo recogido por la noche, que suelen venir temprano —le dijo la otra mamá.

—Vale, yo no sé a qué hora me vendrán a buscar —contestó.

Por la noche, después de poner a la niña en la cuna, recogió todas sus cosas, solo dejó fuera las cosas de la niña, para cambiarla por la mañana. Al salir del hospital ya tenía que ponerle su propia ropita, así que cogió el mono que le había reservado para ser el primero. Un mono completo en terciopelo azul oscuro, ya que pensaba que era niño, pero le quedaba divinamente justo de tamaño, ya que era de primera puesta y la niña era grandecita.

Se lo había puesto su sobrino también al salir del hospital y no volvió a ponérselo, ya que era pequeño, y le había parecido bonito que su hijo se lo pusiera también. Casi toda la ropita que tenía para la niña era de su sobrino, que la había guardado y cuidado para que pareciera nueva. Los miró hasta que salieron por la puerta, se veían tan felices. El padre con su hijo en brazos y la madre agarrada de su brazo. Le daba mucha ternura verlos y, al mismo tiempo, poseía una gran tristeza que le aplacaba el pecho. Se sentía tan sola que se le anudaba la garganta y, para evitar llorar, siguió con lo que estaba haciendo.

Por la mañana, su compañera se fue temprano, la recogió su marido. María cambió a la niña y esperó, pero ya eran las 10 horas y no venía nadie.

—¿Todavía estás aquí? —preguntó la enfermera.

—No ha venido nadie a buscarme.

—¿Quieres que te llame un taxi? ¿O que llame por teléfono a alguien?

Le dio mucha vergüenza al darse cuenta de que no tenía nada de dinero, no tenía ni idea de qué hacer y, encima, vivía lejos.

—No he traído dinero —le dijo apenada.

—Vale, ¿sabes el número?

—Sí, es una veçina la que tiene teléfono, solo tiene que decirle que le diga a mi madre que ya me dieron el alta.

—Vale, no te preocupes, ahora la llamo. Espera en la sala de afuera que tienen que limpiar la habitación.

Cogió sus cosas y la niña, se sentó en una silla de la sala de espera. «Por qué no había pensado esto antes», se preguntaba, tenía que aprender a lidiar con todo sola, no podía estar pendiente de que los demás le recordaran ciertas cosas, pero ¿cómo lo haría? ¿Cómo saber lo que iba a pasar si nunca había estado en esa situación? La vida le jugaba malas pasadas a menudo y ella aprendía de cada golpe. Cada vez que la vida la tumbaba, ella no podía buscar a nadie que le diera la mano, lloraba su dolor y se levantaba sola.

En ninguna ocasión la vida le dio la oportunidad de sanarse, porque tal como se levantaba, la volvía a tirar. No tenía quien le diera un consejo, un apoyo o una mano amiga. Así que fue levantándose y cayéndose por la vida, tantas veces como se levantó, pero nunca se había rendido. Y le seguía doliendo cada herida no sanada que se juntaba a la anterior y a la siguiente. Su alma rota se componía de pequeños trozos que fue juntando como podía cada vez que se le rompía y, a sus diecinueve años, ya llevaba unas cuantas y cargaba los retales de su alma como mochila, una muy pesada.

Mientras su mente vagaba por su corta vida, llena de pocas y pequeñas alegrías y grandes pruebas, le vamos a llamar así. Ahora tenía una razón muy grande para levantarse y seguir. No sabía cuántas batallas tendría que luchar ni si las ganaría, pero volvería a levantarse después de cada caída y no solo por ella, sino por esa niña que cargaba en sus brazos y dependía de ella para todo. No tenía ni idea de lo que iba a hacer o cómo, pero encontraría el camino, no sería fácil y a lo mejor no lo haría bien, pero lo intentaría y nunca se rendiría, de eso estaba segura.

Ese tiempo en que estuvieron en el hospital se dio cuenta de lo sola que estaba y de lo poco que le importaba a quien tanto quería, que la gente era egoísta y cobarde, pero ella no lo sería y le enseñaría a su hija que un buen corazón, aunque piense haber perdido, siempre gana, porque hay pérdidas que te hacen ganadora y, a la larga, te van a aportar sabiduría, así que nunca pierdes si tu corazón es limpio.

Enseñaría a su hija a no odiar, ya que es un sentimiento que te hace perdedor. Si odias a las personas que te dañan, ya has perdido, porque cargarás con la mochila más pesada.

Perdona, aléjate y sigue tu camino, eso tiene más valor que una batalla ganada. Se puede ganar batallas sin luchar, sin odiar. Deja que los demás carguen con la mochila del odio y que piensen que han ganado. Nos quedaremos con la sensación de no haber hecho daño y no odiar nos hace la vida más liviana.

El día de la prueba de paternidad

Que ese día sea eliminado
de todos los calendarios
por lo que no pudiste dar,
por lo que no quisiste ser,
por tanto que dejaste de recibir
y por lo enorme que sería
tu felicidad si tan solo
tuvieras corazón,
tan solo pudieras amar,
tan solo fueras,
pero no lo fuiste.

El juzgado las había citado para comparecer ese día para hacer la prueba de paternidad. Le puso la mejor ropita que tenía a la niña y una flor en la cabecita que le había hecho en croché. Quería que la viera bien y se diera cuenta de que no necesitaba nada de él. Lo único que le podía dar era su cariño y eso ya se lo había negado, así que no había más.

Llegaron al hospital y en el pasillo estaba él con su madre, sentados en el banco del pasillo. Pasó por delante, las piernas le temblaban tanto que creía que se iba a caer. Sin mirarlos, se anunció; al hablar, sintió sus miradas, pero aguantó la situación y se sentó del otro lado, donde no la podían ver. Estaba siendo muy difícil, no se sentía bien, los nervios le descontrolaron el estómago y tenía náuseas. La niña seguía dormida en el carrito que le había quedado de su primo. María le había hecho una preciosa manta amarilla con lazos que colgaban del carro. Ya hacía calor, pero era muy pequeña, acababa de cumplir un mes y podría resfriarse, así que la envolvió en su mantita.

La llamaron por su nombre, para que entrara, y cuando lo hizo, lo llamaron a él. Así que tuvieron que compartir sala.

—Descubriremos la pierna de la niña y le sacaremos una muestra de sangre en el talón —le dijo la enfermera. Se dispuso a hacerlo con mucho cuidado para no despertarla.

Mientras lo vio adelantarse y arremangarse, le sacaron la sangre. Mantenía un semblante serio y ni siquiera las miró, no tuvo ni curiosidad de saber cómo era su hija. Eso era una estaca más en el corazón de María. ¿Cómo podía hacer eso? No tenía sentimiento. ¿Qué había pasado con ese hombre que juraba que le amaba, que había aceptado el embarazo y parecía hasta disfrutarlo, cuando hacían planes juntos, cuando pensaba en el nombre del bebé, cuando le decía que quería criarlo junto a ella? ¿Qué había pasado para que el día se hiciera noche? ¿Cómo matas un amor así de un día a otro?

A María todavía le flaqueaban las piernas al verlo. A pesar de todo, su corazón se desbocaba al sentir su presencia y el dolor la cortaba a pedazos. No lo aceptaría a su lado, eso lo tenía asumido, pero el amor no tiene un botón de apagado. O tal vez ese amor solo fue un teatro bien representado y una función determinada. Sin duda, fue un buen actor. Él había jugado al amor y ella se había enamorado. Se había apoderado de su corazón por completo. Nunca podría volver a amar otra vez, porque para María, cuando entregas el corazón a una persona, ese corazón deja de pertenecerte y, cuando amas de verdad, el corazón no tiene devolución.

El corazón que ama de verdad ama a lo grande y una sola vez. No puedes conseguir que te lo entreguen totalmente, pisotearlo y luego devolverlo, porque un corazón entregado no se devuelve machacado, sino que te lo quedas de por vida, cargando el peso de tus acciones, y ese peso lo arrastras hasta más allá de la muerte. Hará parte de tu bagaje más pesado. Y arrastrará también las veces que no miró los ojos a su hija, las veces que ella no le llamó papá, los besos que no le dio, las veces que no la cogió en brazos, las veces que no estuvo cuando crecía o iba al colegio, cuando se caía o se lastimaba, cuando ella necesitó un padre pero no estaba. Todo eso y mucho más sería su carga hasta más allá de la muerte, donde Dios lo quisiera aceptar. María no necesitaba una condena para él, porque su condena no arreglaría lo que estropeó. Solo que, cuando llegase su hora, se diera cuenta de lo que hizo y lo que dejó atrás, y en ese momento él mismo pediría su propia condena, cuando sintiera que el pecho se le encogía y el dolor lo dejaba sin aire.

Sentía un vacío abrumador en su pecho, le costaba respirar, la cabeza no podía centrarse en nada y se acordaba de todo a la vez.

«Tengo que tomar un poco de aire», pensó. Cogió a la niña, la puso en el carrito, la abrigó y salió a andar, mientras el aire le daba en la cara. Ella veía su corta vida pasar como un filme. Tenía la sensación de que todo había pasado tan rápido que no lo había podido asimilar todavía. Los acontecimientos fueron ocurriendo encadenados sin dejarla respirar y ahora se daba cuenta de que no podría recuperarse de todo eso, pero Dios la había compensado con algo de por vida, que sería su apoyo y su razón para seguir viviendo en el momento exacto en que se le habían terminado las razones para seguir luchando. Solo ella y Dios sabían que, si no estuviera Alexandra, no habría podido seguir.

Envuelta en sus pensamientos, se dio cuenta de que no sabía dónde estaba. Miró alrededor y no podía ubicarse. En ese momento, le invadió una sensación horrible, no podía acordarse de dónde estaba. La niña empezó a llorar, miró el reloj, llevaba dos horas andando.

«Tiene hambre», pensó, cogió a la niña y se sentó bajo un árbol para darle de comer. Se pudo relajar un poco, pero seguía mirando alrededor para poder situarse. Sin embargo, no tenía ni idea de dónde estaba. Era casi de noche, así que tenía que apresurarse para encontrar el camino de vuelta.

La niña se había quedado dormida de nuevo. María recostó la cabeza en el árbol, cerró los ojos e intentó relajarse y despejar la cabeza de todo lo que la atormentaba. Cuando abrió los ojos, tuvo la sensación de haberse quedado dormida. Alexandra se había despertado y estaba maravillada con lo que miraba, tenía los ojos muy abiertos, como disfrutando el paisaje. Se levantó asustada al darse cuenta de que se había quedado dormida en medio del monte con su hija. La volvió a alimentar, le cambió el pañal y la colocó de nuevo en el carrito. Empezó a andar buscando un camino que la llevara a alguna parte y vio, a lo lejos, un tractor que labraba el campo. Corrió hacia el tractor y, cuando llegó cerca, le preguntó al hombre:

—Perdone, señor, ¿qué camino cojo para llegar a la villa?

—Está lejos, criatura —contestó el señor—. En el cruce tienes que coger el camino de la derecha y seguir hasta coger la carretera, pero si esperas diez minutos, te puedo acercar.

—Gracias, señor, espero entonces.

El hombre terminó lo que le quedaba, salió al camino y enganchó el remolque.

—Señora, si quiere, ya puede subir.

Cogió a la niña en brazos mientras el señor subía el carrito al remolque.

—Usted no es de aquí, ¿no?

—Sí, señor. Vivo en la villa.

—¿De qué familia eres? No recuerdo haberte visto.

Al decirle el nombre de la familia del padre, el señor rápidamente se dio cuenta de quién era, ya que eran conocidos y a ese hombre lo conocían por ser policía, por eso de los «favores».

La dejó en la entrada del camino y ya se fue caminando a casa. Cuando entró en casa, todos estaban ya a sus labores, nadie se había dado cuenta de que no habían pasado la noche en casa, les había podido pasar algo y no se enterarían. Así de insignificante se sentía, ese silencio y soledad que sentía dentro y fuera de su existir. Pero sabía lo inútil que sería si lo hubieran sabido. En ese momento empezó otra lucha en su vida, una más, lo sabía, pero esta vez era por ese trocito de ella misma que tenía todo el derecho del mundo a tener una vida digna.

Unas semanas después, recibió una carta del juzgado. Dentro del sobre estaba la prueba de paternidad y un certificado de nacimiento de la niña, ya con el apellido de su padre. Y un formulario para rellenar, para solicitar pensión alimenticia.

«¿Para qué me sirve eso? ¿Qué podría arreglar en la vida de la niña un apellido? Si nunca tendrá el cariño y la presencia de un padre. ¡Si tan solo la hubiera mirado!», pensó, «¿para qué quiero su dinero, si para él esta niña no existe?». Solo le iba a incrementar más sufrimiento, nada que el dinero pudiera quitarle. Un apellido no te concede el derecho de llamarte padre. Así que cogió los papeles y los tiró al fuego de la chimenea.

«Aquí se acaba todo», pensó, «si no puedo eliminarte de mi corazón, te eliminaré de mi vida».

Encontraría la manera, de eso estaba segura. No podría estar más tiempo en esa casa y menos que su hija creciera allí. Miró a la niña, que dormía en su cuna como si nada pasara. Era tan pequeña e inocente, no tenía ni idea de lo que estaba pasando.

—Menos mal. —La besó en la frente, retiró el jersey de su padre que siempre le ponía al lado para que la niña sintiera el olor de su padre. María lo olió por última vez, llenando el pecho de tantos recuerdos que, para ella, se irían con ese jersey. Así lo pensó en ese momento, lo puso en una bolsa y lo tiró en la basura. Hasta ese momento, inconscientemente pensó que él tendría algún tipo de contacto con su hija, pero no pasó, así que tendría que pasar página por ella y por esa niña. En ese momento tomó la decisión y le cerró la puerta para siempre.

Existe un tipo de tristeza
que no te hace llorar,
es como una pena
que te vacía por dentro
y te deja pensando
en todo y a la vez en nada,
como si ya no fueras tú.
Esas heridas que no sangran,
pero duelen y duelen,

y te encogen el alma,
el pecho se oprime
y la mente se para,
todo pierde su importancia
y carece de interés.

Miras adelante y ves,
ves que bajo tus pies
el camino sigue.
Coges tu mochila,
con todo lo que llevas acumulado,
y la arrastras sin fuerzas,
pero sigues y sigues,
con ese fuego que quema
y quema por dentro,
pero nunca se extingue,
solo quema.

Quizás un día,
y quizás en otra vida,
en otro tiempo,
y solo quizás,
pueda volver a nacer,
volver a tener corazón,
y solo así quizás volveré a AMAR.

Índice

Derechos de los niños y niñas..9

Gritos en el silencio 13

Abrió la puerta de la jaula y voló.........................45

La rutina diaria 53

El gran cambio 59

Un nuevo empezar 67

Sobreviviendo...115

Un paso atrás 127

Llegó el día...147

El día de la prueba de paternidad 159